FIR
MV

PALAZZO PITTI

Die Galleria Palatina

Alessandro Cecchi
Maddalena De Luca Savelli

sillabe

ISBN 978-88-8347-556-6

Ein Verlagsprodukt von
s i l l a b e s.r.l.
Livorno
www.sillabe.it

Verlagsleitung: *Maddalena Paola Winspeare*
Grafische Gestaltung und Umschlag: *Laura Belforte*
Redaktion: *Giulia Bastianelli*
Graphische Abbildungen der Säle: *Saimon Toncelli*
Übersetzung: *Beatrice Ruske*

Druck: *Media Print, Livorno*

Fotographien: *Archivio sillabe/Foto Paolo Nannoni, Cristian Ceccanti; Archivio fotografico della Soprintendenza SPSAE e per il Polo Museale della città di Firenze*

FIRENZE MVSEI Firenze Musei ist ein eingetragenes Markenzeichen, entworfen von Sergio Bianco

Wiedergedruckt Jahr
2 3 4 5 6 7 8 9 10 2014 2015 2016 2017 2018 2019 2020 2021

Inhalt

Wenn die Galleria Palatina von nun an ihren Besuchern etwas näher gebracht werden konnte, so ist das diesem intelligenten und handlichen offiziellen Museumsführer zu verdanken, der vom Museumsdirektor Alessandro Cecchi und von Maddalena De Luca Savelli beauftragt und herausgegeben wurde. Das Buch richtet sich insbesondere an Museumsbesucher, die sich beim Rundgang vor Ort neben dem Genuss der Pracht, des Reichtums und der Vielfalt der Sammlungsbestände und Räumlichkeiten, eine grundlegende Orientierung verschaffen möchten und sich darüber hinaus eine Abhandlung mitnehmen wollen, die als Gedächtnisstütze und Anreiz zur Vertiefung des Gesehenen dient.

Die Galleria Palatina zeigt im Palast auf außergewöhnliche Weise die ursprünglichen Aufgaben der Herrscher-Dynastien, die Jahrhunderte lang den Palazzo Pitti ausfüllten. Für das Durchschnittspublikum zählt die Galleria Palatina daher – angefüllt mit den gesammelten Kunstwerken der Medici und der Lothringer – zu den „schwierigsten" Museen. Allein die barocke Pracht der Einrichtungsgegenstände und das leuchtende Gewand der aus dem Barock bis in die Romantik stammenden Malereien an den Wänden ziehen die Aufmerksamkeit des Besuchers auf sich und rufen seine Bewunderung hervor. Es ist jedoch bekannt, dass die größte Anziehungskraft des Museums durch die Meisterwerke der renommierten und weltberühmten Künstler ausgemacht wird; wie unter anderen Botticelli, Andrea del Sarto, Raffael, Tizian und Rubens, um nur einige der größten Künstler zu nennen. Aus diesem Grund ist der Besucher gezwungen die Wände, die mit Gemälden in zwei oder auch drei Reihen buchstäblich tapeziert wurden, auf der Suche nach den gewünschten Objekten eingehend abzusuchen. Das ist erschöpfend, bringt einen leicht durcheinander und von Saal zu Saal wächst die Gefahr die Orientierung zu verlieren.

Gegen diese Unannehmlichkeiten, die mit der Raumaufteilung und der barocken Reihen-Hängung einhergehen, wird mit diesem Museumsführer nun ein einfühlsames und diskretes Hilfsmittel zur Verfügung gestellt. Die komplexe Erfahrung wird hierdurch nicht vereinfacht, aber der Besucher wird auf dem gesamten Rundgang kompetent begleitet, wobei ihm eine kluge Auswahl der herausragenden Werke aufgezeigt wird. Dank der Übersichtskarten, der Abbildungen und Fotos, der klar strukturierten Nummerierungen, den leicht verständlichen Verweisen, den gesicherten und bedeutendsten Kenntnissen, wird das Lesen und Verstehen einer Seite alles in einem – verstehen, wo man sich befindet, was man gerade betrachtet und welche Geschichte sich dahinter verbirgt – und bietet so Genugtuung sowohl für den ästhetischen Anspruch, als auch für den Intellekt.

Die Florentiner Museen und der Verlag Sillabe bieten den Besuchern mit diesem Museumsführer einen echten und exemplarischen „Besucherdienst", der und davon bin ich überzeugt, dazu beiträgt die Erinnerungen an die Zeit zu bewahren, die man in dieser Schatzkammer der Kunstwerke und Geschichte verbracht hat.

Cristina Acidini
Soprintendente per il Patrimonio Storico,
Artistico ed Etnoantropologico
e per il Polo Museale della città di Firenze

Pietro da Cortona, Fresko
des Mars-Saals (Detail)

SALA di VENERE

Die Galleria Palatina

Auf Wunsch Leopolds II., dem letzten Großherzog der Habsburg-Lothringer, wurde die Galleria Palatina 1834 der Öffentlichkeit zugänglich gemacht. Das *piano nobile* im ersten Stockwerk vom Palazzo Pitti nimmt die prächtigen Räumlichkeiten der Galleria auf, die ehemals zur Winterresidenz und zu den Räumen, die Repräsentanzzwecken der mediceischen Großherzöge dienten, gehörten. Die Säle weisen noch heute dasselbe Erscheinungsbild auf, wie in den Jahrhunderten, in denen sie bewohnt wurden. Dieses bezeugen die reichen Freskenzyklen aus dem 17. bis 19. Jahrhundert, mit denen sie ausgeschmückt wurden, aber auch die Einrichtungsgegenstände; darunter die kostbaren Tische mit Intarsien aus Pietra-Dura und Alabaster, die zwischen dem 16. und dem 19. Jahrhundert entstanden sind.
Da die Galerie in einem Palazzo eingerichtet wurde, den Generationen von Herrschern bewohnten, ist die Geschichte der Galleria Palatina untrennbar verbunden mit der Geschichte der Familie der Medici, die das Schicksal des toskanischen Staates zwei Jahrhunderte lang von 1537 bis 1737 lenkte; und der Geschichte der Lothringer, die das Großherzogtum mit Unterbrechung durch die französische Besetzung, bis 1859 innehatten. Die Gemäldebestände verdankt das Museum – mehr als alle anderen staatlichen Museen in Florenz – der Sammlertätigkeit der Medici und der Lothringer und die Bilder machten bereits seit dem 17. Jahrhundert einen Teil der Einrichtung aus. Seit seinem Erwerb im Jahr 1549 durch die Familie Pitti von Seiten Eleonora di Toledos, der spanischen Gemahlin des Herzogs Cosimo I., wurde das Gebäude in der zweiten Hälfte des Jahrhunderts großartigen Erweiterungsarbeiten unterzogen, wobei der Hof von Ammannati die monumentalste und theatralischste Ausführung darstellt. Cosimo trieb indessen als Auftraggeber, gefolgt von seinen Söhnen Francesco I. und Ferdinando I. die Arbeiten im Innenbereich des Gebäudes voran, um es in die Lage zu versetzen, die herzogliche Familie und den Hofstab aufzunehmen, die sich dort nach einem langen Aufenthalt im Palazzo Vecchio im ausgehenden Jahrhundert niederließen. Cosimo II. und Ferdinando II. ließen das Werk im 17. Jahrhundert vollenden, indem sie den Palazzo und die Fassade bis zum momentanen Stand ausbauen ließen. Die beiden Seitenflügel stammen jedoch von Eingriffen, die auf Wunsch der Lothringer im 18. und 19. Jahrhundert ausgeführt wurden.
Die Vermählung von Ferdinando II. de' Medici und Vittoria della Rovere im Jahr 1634, der letzten Dynastie von Urbino-Herzögen, läutete den Beginn von umfassenden Arbeiten am Palazzo und am Boboli-Garten ein. Von der Sommerresidenz ausgehend, wo sich heute das Museo degli Argenti mit dem von Giovanni da San Giovanni und Nachfolgern freskierten Salon befindet, bis hin zur Winterresidenz im ersten Stockwerk mit den die Planeten darstellenden Sälen, die von Pietro da Cortona und Helfern in der ersten Hälfte des 17. Jahrhunderts mit Fresken ausgestaltet wurden. Zur selben Zeit kümmerten sich die Herzöge und ihre Geschwister um die Anreicherung der Gemäldesammlungen, zu der sich 1711 die Meisterwerke aus dem Besitz von Vittoria della Rovere hinzufügen sollten, die sich heute zum Teil in der Galleria Palatina und zum Teil in den Uffizien befinden.
Unter den bedeutendsten Persönlichkeiten, die sich im Palazzo niederließen, sollte an den Fürsten und später Kardinal Leopoldo de' Medici, den Bruder Ferdinandos, erinnert werden. Dieser war nicht nur ein leidenschaftlicher Sammler der venetischen Malerei, sondern war auch Gründer der in den Uffizien befindlichen Sammlungen an Zeichnungen und Portraits.

Venus-Saal

Die letzten Medici standen ihren Vorfahren in nichts nach und der Großfürst Ferdinando, Sohn des Großherzogs Cosimo III. und vor diesem im Jahr 1713 verstorben, trug entscheidend dazu bei, das die Sammlung um Meisterwerke aus den florentinischen Kirchen und dem toskanischen Staat bereichert wurde. Die Werke seiner Sammlung sollten, wie in den italienischen Galerien des Barock üblich, nach dekorativen Gesichtspunkten dicht aneinandergehängt werden; vis-à-vis mit den königlichen Wohngemächern, die von ihm bewohnt wurden und eingeschlossen wie funkelnde Edelsteine in die von ihm beauftragten Einfassungen aus prunkvoll geschnitzten und vergoldeten Rahmen.
Ferdinando III. und Leopoldo II. sollten schließlich ein weiteres bedeutendes Kapitel der Sammlungsgeschichte schreiben, indem sie sich als Herrscher der Lothringer-Dynastie auf nachhaltigste Weise für den Zuwachs der mediceischen Sammlung einsetzten, die sie über die Winkel des berühmten Familienpaktes (*Patto di Famiglia*) von der Kurfürstin Anna Maria Luisa de' Medici geerbt hatten. Die Kurfürstin war die letzte ihrer Dynastie, die auf männlicher Seite 1737 mit Giangastone beendet wurde. Jedes Gemälde der Galleria Palatina fügt sich wie ein Mosaikstein in ein großartiges Gesamtwerk ein, das sich im Laufe der Jahrhunderte, dank der geschickten und leidenschaftlichen Sammlertätigkeit der beiden Dynastien, vervollständigte. Diesem soll hier genüge getan werden, mithilfe der Bildunterschriften oder aber einem kurzen Text für jedes Werk der Ausstellung, so dass der Verdienst jedes einzelnen Kunst-Ankaufs gewürdigt werden kann. Zudem birgt der momentane Aufbau der Ausstellung, der auf die Lothringer zurückgeht und somit den Richtlinien des Großfürsten Ferdinando und des 17. Jahrhunderts folgt, die Gefahr, dem Besucher durch die vielen übereinandergehängten Bilderreihen die Orientierung zu erschweren. Daher wurde hier ein neues Modell angewandt, das sich von der Struktur der herkömmlichen Museumsführer unterscheidet. Die topografischen Abbildungen der verschiedenen Ausstellungswände sollen dem Besucher die Orientierung und die Auffindung der wichtigsten Kunstwerke ermöglichen, welche durch eine farbliche Abbildung und einen kurzen Text angezeigt werden, während die restlichen Werke lediglich mit der Bildunterschrift versehen sind. Soviel zu den größten Neuerungen des vorliegenden Museumsführers, der ausschließlich den in der Galleria Palatina ausgestellten Werken gewidmet ist und den von Marco Chiarini herausgegebenen Museumsführer ablöst, auch wenn dieser wissenschaftlich noch Gültigkeit besitzt. Schließlich möchten die Autoren allen Besuchern eine angenehme Besichtigung dieser „fürstlichen" Sammlung wünschen; eine Sammlung, die ihren Reiz über die Jahrhunderte bewahren konnte und die 815 Gemälde zählt (922 mit denen der königlichen Wohngemächer). Eine Sammlung, die den weltweit bedeutendsten Kern an Werken von Raffael und Andrea del Sarto aufnimmt und der Meisterwerke von Pontormo, Bronzino, Giorgione, Tizian, Rubens und vielen weiteren großartigen Künstlern italienischer und fremdländischer Schulen vom 15. bis ins 18. Jahrhundert angehören.

Alessandro Cecchi
Direktor der Galleria Palatina, der Königlichen Wohngemächer
und des Boboli-Gartens

Prometheus-Saal

Lektüre-Leitfaden

Die Wände der Säle sind im Uhrzeigersinn von I bis IV nummeriert. Begonnen wird stets mit der Eingangswand, wobei man eine Abbildung mit einer nummerierten Übersicht für jede Wand vorfindet. Werke von besonderem kunsthistorischem Wert sind durch eine Abbildung hervorgehoben.
Die ausgestellten Künstler und die Sammler der Familien Medici und Habsburg-Lothringen (angezeigt durch ein Kürzel am Ende eines jeden aufgeführten Werkes) sind am Ende des Bandes aufgelistet.
Im vorliegenden Buch werden ausschließlich die Werke der historischen Galleria Palatina behandelt, nicht etwa die der Königlichen Wohngemächer, auch wenn diese sich im momentanen Museumsrundgang befinden.

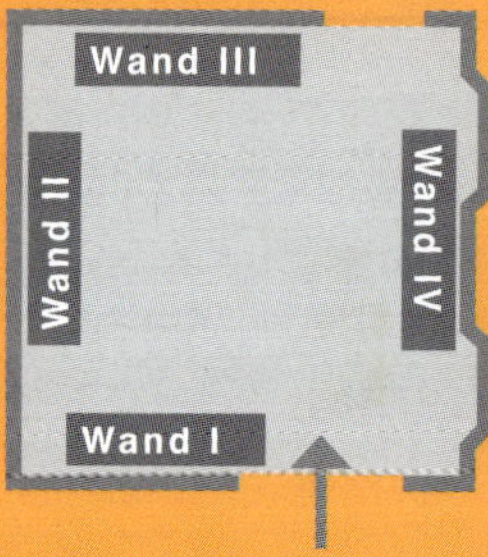

Vorzimmer für die Reitknechte (Anticamera degli Staffieri)

Ursprünglich stellte dieser Saal den südlichsten Teil der Loggia aus dem 16. Jh. dar und befand sich im Gebäudeteil der Adligen. Er war zum Hof hin geöffnet und bildete den Eingang zu den herzoglichen Gemächern. An der Wand am Eingang befinden sich zwei Nischen mit Intarsien aus verschiedenfarbigem Seravezza-Marmor; der Hintergrund besteht aus einem Bronze-Gitter, das ursprünglich zum Vestibül hin offen war. Im Verlaufe der Jahrhunderte wurden hier verschiedene Statuen-Gruppen aufgestellt. Im Moment ist die Gruppe *Faun mit Panther* zu sehen, bei der es sich um eine römische Kopie nach einem Original aus dem späten Hellenismus handelt.
Die piktorale Ausschmückung geht auf 1790 zurück und ist Giuseppe Maria Terreni zuzuschreiben, der in jener Epoche für den Großherzog Pietro Leopoldo von Habsburg Lothringen tätig war.

Auf der rechten Wand ist das Portrait des *Großfürsten Ferdinando de' Medici*, dem Sohn des großen Mäzen Cosimo III., der darüber hinaus auch Sammler und Musikwissenschaftler war, zu sehen. Dieses stammt vom Künstler Anton Domenico Gabbiani (Inv. 1890 Nr. 2731, um 1683). Auf der linken Wand hingegen befindet sich das von Franz Ferdinand Richter ausgeführte Portrait des *Großherzogs Gian Gastone de' Medici*, dem Bruder des *Ferdinando de' Medici*; als letztes Mitglied einer Dynastie ist er mit den Machtsymbolen Zepter und Krone und dem Kreuz des Ordens des Hl. Stephans versehen (Inv. 1890 Nr. 3805).

In den zwei Wandnischen befinden sich Skulpturen. Es handelt sich hierbei um Marmorkopien von Werken aus römischer Kaiserzeit, die im 16. Jh. vollendet wurden (Inv. OdA 1911 Nr. 634 und Nr. 635). Beide stellen einen *Faun mit Panther* dar und wurden 1584 von Kardinal Ferdinando de' Medici erworben. Sie stammten aus der Sammlung der Capranica Della Valle in Rom, wurden dann in der Medici Villa untergebracht und gelangten von dort zwischen 1787 und 1788 in den Palazzo Pitti nach Florenz.

Auf den beiden Konsolen befindet sich die von Giuseppe Belli geschaffene Marmorbüste von Ferdinando III. von Habsburg-Lothringen, 1791 Großherzog der Toskana (Inv. OdA 1911 Nr. 674) und die vom Bildhauer Baccio Bandinelli stammende Bronzebüste (Inv. OdA 1911 Nr. 671) des *Cosimo I. de' Medici*, die sich seit ihrer Entstehung im Palazzo Pitti befindet.

An den Seiten der Zugänge zur Statuen-Galerie sieht man zwei Ganzkörperstatuen. Es handelt sich zum einen um den *Merkur* von Pietro Francavilla, der sich bereits vor dem Ende des 17. Jh.s im Boboli-Garten befand. Die Statue wurde 1775 von Innocenzo Spinazzi (1604, Inv. OdA 1911 Nr. 659) restauriert. Zum anderen handelt es sich um den *Bacchus* von Bacio Bandinelli, der ursprünglich als *Adam* für den Florentiner Dom konzipiert war und 1549 von Cosimo I. in Auftrag gegeben wurde, der die Statue zunächst für den Palazzo Vecchio und anschließend für den Palazzo Pitti bestimmte (Inv. OdA 1911 Nr. 658).

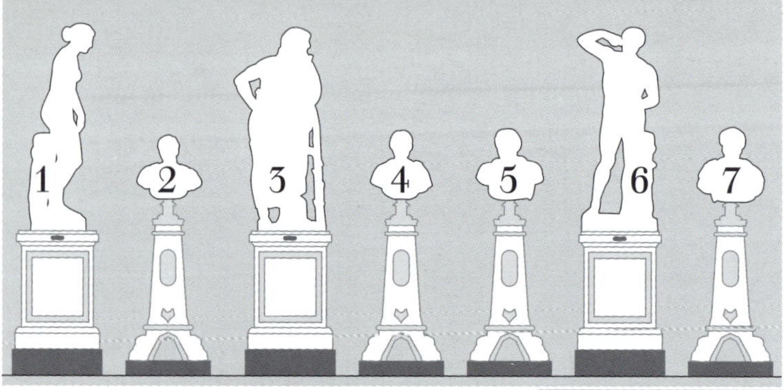

Statuen-Galerie (La Galleria delle Statue)

Dieses war ehemals der zentrale Bereich der großen offenen Loggia, die auf den Ammannati-Hof wies. 1620 wurde dieser Bereich auf Beschluss von Cosimo II. zur Galerie für Gemälde und kostbare Einrichtungsgegenstände. Während des ersten Aufenthaltes der Lothringer (1737-1799) wurde die Loggia geschlossen und diente als „Saal der Wächter“. Eine ihrer heutigen Funktion vergleichbarere Nutzung erhielt dieser Bereich erst seit 1790, als er von Giuseppe Maria Terreni ausgeschmückt und in die heutige „Statuen-Galerie“ umgestaltet wurde, wo Statuen und Büsten ausgestellt waren, die sich ehemals in der Sammlung des Kardinals Ferdinando in der Villa Medici in Rom befanden.
Im 19. Jh. wurde die Skulpturenreihe um vierzehn Büsten erweitert, die im angrenzenden Nischensaal (Sala delle Nicchie) ausgestellt waren.
In diesem Saal sind neben den Büsten der antiken Kaiser, die Büsten der toskanischen Großherzöge ausgestellt. Man sieht über der Eingangstür das *Bildnis des Pietro Leopoldo,* aus dem Jahr 1773 von Innocenzo Spinazzi (Inv. OdA 1911 Nr. 673) und das *Bildnis des Cosimo II.* aus dem 18. Jh. aus Florentinischer Schule (über der Haupttür der linken Wand, Inv. OdA 1911 Nr. 672). Diese symbolisierte gemeinsam mit einer Büste des Cosimo I., die sich heute nicht mehr an diesem Ort befindet, die Dynastie der Medici und die der Lothringer.

Linke Seite (I)

I-1
Römische Kunst,
1.-2. Jh. n. Chr.
Aphrodite von Knidos
Marmor, Inv. OdA 1911
Nr. 670
dok. im Palazzo Pitti 1568
F I. M (1588)

Die Skulptur hat das berühmte Werk des Praxiteles zum Vorbild (um 360 v. Chr.), die für die Stadt Knidus angefertigt wurde und so aufgestellt war, dass man sie von allen Seiten bewundern konnte.

I-2
Florentinische Schule,
17. Jh. (?)
Bildnis des sogenannten Virginio
Marmor, Inv. OdA 1911
Nr. 687

I-3
Römische Kunst,
2. Jh. n. Chr.
Aesculapius
Marmor, Inv. OdA 1911
Nr. 669
dok. 1711-1712; dok. im Palazzo Pitti um 1794
C III. M

Im 18. Jh. hielt man die Skulptur für das Portrait eines Philosophen, tatsächlich ist hier jedoch Aesculapius dargestellt, der griechische Gott (Asklepios) der Medizin mit seinem Attribut, dem Stab, um den sich gewöhnlich eine Schlange wickelt.

I-4
Römische Kunst,
2. Jh. n. Chr.
(antoninische Zeit)
Bildnis einer Frau
Marmor, Inv. OdA 1911
Nr. 679
um 170 n. Chr.

I-5
Römische Kunst,
2. Jh. n. Chr.
(spätantoninische Zeit)
Bildnis des Lucio Vero
Marmor, Inv. OdA 1911
Nr. 683
160-169 n. Chr.
F I. M (1588)

I-6
Römische Kunst,
2. Jh. n. Chr.
Athlet
Marmor, Inv. OdA 1911
Nr. 668
dok. im Palazzo Pitti 1584
F I. M (1588)

Diese Darstellung eines stehenden Athleten, der sich gerade Öl in die linke Handfläche gießt, ist der Namensgeber für eine Reihe von Kopien, die man von eben diesem Motiv kennt und die der „Palazzo Pitti-Typus“ genannt werden. Die erste Darstellung dieser Art geht auf die Schule des Polyklets im Jahr 380 v. Chr. zurück. Die Skulptur stammt aus der Galerie der Villa Medici in Rom, wo sie vis-à-vis mit dem anderen Athleten des Palazzo Pitti ausgestellt war (siehe I-9).

I-1

I-3

I-6

I-7
Römische Kunst,
2. Jh. n. Chr.
(antoninische Zeit)
Bildnis des Antoninus Pius
Marmor, Inv. OdA 1911
Nr. 684
F I. M

I-8
Römische Kunst,
2. Jh. n. Chr.
Bildnis des Marc Aurel
Marmor, Inv. OdA 1911
Nr. 685
160-180 n. Chr.
F I. M (1588)

I-9
Römische Kunst,
2. Jh. n. Chr.
Athlet
Marmor, Inv. OdA 1911
Nr. 667
dok. im Palazzo Pitti 1584
F I. M (1588)

Die Skulptur orientiert sich an einem Original aus den Jahren 350-330 v. Chr.; Kopf und Teile der Arme und Beine sind jedoch jüngere Nachbildungen, die im 18. Jh. angefügt wurden. Die Skulptur weist die Charakteristiken der Kopien-Reihe auf, die als „Münchener Typus“ bezeichnet wird, da eine solche Athletenskulptur in München aufbewahrt wird. Die Skulptur stammt aus der Galerie der Villa Medici in Rom und wurde gegenüber dem anderen *Athleten* aus dem Palazzo Pitti aufgestellt (siehe I-6).

I-10
Florentinische Schule,
16.-17. Jh.
Bildnis des Caracalla
Marmor, Inv. OdA 1911
Nr. 678

I-11
Römische Kunst,
2. Jh. n. Chr.
Bildnis eines Mannes
Marmor, Inv. OdA 1911
Nr. 675
130-140 n. Chr.

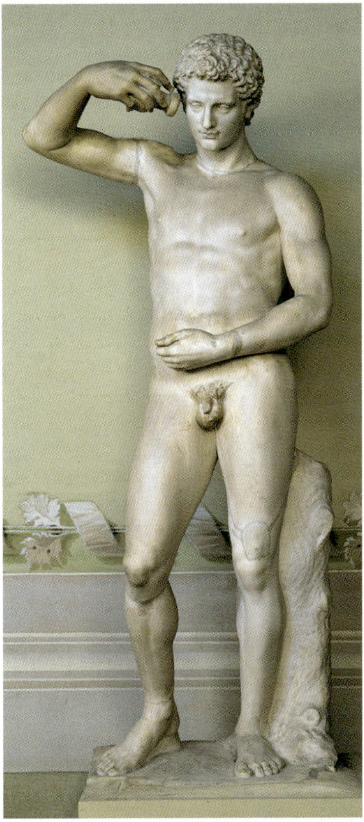

I-9

I-14

I-12
Römische Kunst,
2. Jh. n. Chr.
Athene
(Giustiniani-Typus)
Marmor, Inv. OdA 1911
Nr. 666
F I. M (1588)

I-13
Römische Kunst
Bildnis des sogenannten Ovidio
Marmor, Inv. Od A 1911
Nr. 686

I-14
Römische Kunst,
2. Jh. n. Chr.
Hygeia
Marmor, Inv. OdA 1911
Nr. 665
100-150 n. Chr.
F I. M; C III. M
dok. 1715; dok. im Palazzo Pitti nach 1788

Hygeia, die Tochter des Aesculapius, wurde als Göttin der Gesundheit verehrt. Die Statue, die ein hellenistisches Original nachbildet, wurde in Rom vom Kardinal Ferdinando de' Medici erworben.

Rechte Seite (II)

II-1
Römische Kunst, 2. Jh. n. Chr. (antoninische Zeit)
Merkur
Marmor, Inv. OdA 1911
Nr. 664
F I. M

II-2
Florentinische Schule, 18. Jh.
Bildnis eines Unbekannten
Marmor, Inv. OdA 1911
Nr. 657

II-3
Römische Kunst,
2. Jh. n. Chr.
Bildnis des jugendlichen Marc Aurel
Marmor, Inv. OdA 1911
Nr. 682
144-147 n. Chr.

II-4
Römische Kunst,
2. Jh. n. Chr.
Satyr und Pan
Marmor, Inv. OdA 1911
Nr. 663
um 150 n. Chr.
F I. M (1588)

Es handelt sich um eine römische Nachbildung vom *Ruhenden Satyr* von Praxiteles (um 350 v. Chr.). Die Skulpturengruppe stammt aus der Villa Medici in Rom, wo sie vis-à-vis mit einer anderen Statue mit *Satyr und Pan* ausgestellt war (siehe II-7).

II-5
Römische Kunst,
2. Jh. n. Chr. (?)
Bildnis eines Mannes
Marmor, Inv. OdA 1911
Nr. 656
130-140 n. Chr.

II-6
Römische Kunst,
2. Jh. n. Chr.
(antoninische Zeit)
Bildnis des Antoninus Pius
Marmor, Inv. OdA 1911
Nr. 681
138-161 n. Chr.
F I. M (1588)

II-7
Römische Kunst,
2. Jh. n. Chr.
Satyr und Pan
Marmor, Inv. OdA 1911
Nr. 662
F I. M (1588)

Der Satyr, der als mythologische Figur Ähnlichkeiten zu einem Ziegenbock aufweist, ist hier zusammen mit dem Waldgott Pan dargestellt, der auch der Gott der Hirten und Herden war. Es handelt sich um eine Nachbildung aus dem Jahr 150 n. Chr. eines römischen Originals, nämlich dem *Ruhenden Satyr* von Praxiteles (um 350 v. Chr.). Die Skulptur stammt aus der Villa Medici in Rom und wurde als

II-

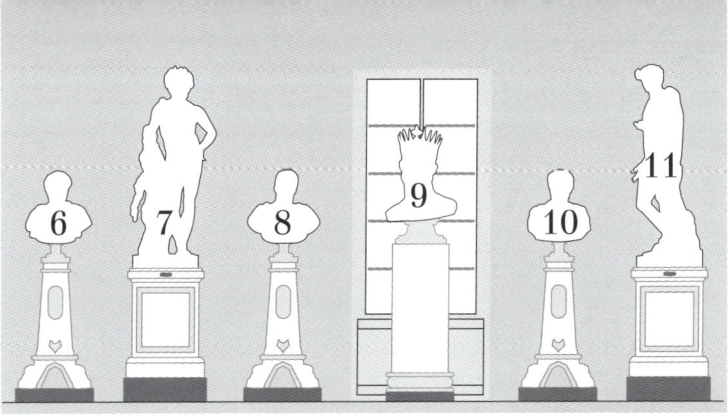

Pendant zur anderen Statue *Satyr und Pan* ausgestellt, die ebenfalls hier zu sehen ist (siehe II-4).

II-8

Römische Kunst aus der ersten Kaiserzeit

Kopf des Doryphoros

Marmor, Inv. OdA 1911 Nr. 688
F I. M

Das Haupt des ‚Doryphoros', das heißt des Speerträgers, ist eine Kopie des berühmten Originals von Polyklet, der den Regel-Kanon für die Proportionslehre bei Skulpturen aufgestellt hatte. Die Skulptur stammt aus der Renaissance-Epoche, vermutlich aus dem 16. Jh.

II-9

Giovan Battista Ferrucci del Tadda und Baccio Bandinelli-Werkstatt

Bildnis des Großherzogs Cosimo I.

Bronze, Inv. OdA 1911 Nr. 604
1587
Fr I. M

Die kolossale Bronze-Büste wurde von Francesco I. als Hommage an seinen Vater in Auftrag gegeben. Ursprünglich sollte die Büste auf einem Epitaph im Hof des Palazzo Pitti aufgestellt werden, bereits 1590 wurde sie jedoch im heutigen Nischensaal (Sala delle Nicchie) untergebracht. Nachdem das Werk an verschiedenen Stellen im Gebäude ausgestellt wurde, befindet es sich neuerlich in der Statuengalerie.

II-10

Römische Kunst

Bildnis des Septimius Severus

Marmor, Inv. OdA 1911 Nr. 676
F I. M (1588)

II-11

Römische Kunst, 1. Jh. n. Chr. (?)

Merkur

Marmor, Inv. OdA 1911 Nr. 661
F I. M (1588)

II-8

II-9

Castagnoli-Saal (Sala del Castagnoli)

Im 17. Jh. entsprachen diesem Saal zwei Räume, die zu den Wohngemächern der Großherzogin gehörten, nämlich eines ihrer Schlafzimmer und ein Dienstraum für die Zimmermädchen. Zwischen 1810 und 1812, in der Zeit der französischen Besetzung, wurden diese beiden Räume nach dem Entwurf des Architekten Giuseppe Cacialli zusammengelegt, um so ein allgemeines Vorzimmer für die beiden neuen Wohnungen von Kaiser und Kaiserin zu schaffen. Die malerische Ausgestaltung der Wände und des Gewölbes, *Apollo im Sonnenwagen* darstellend, wurde 1812 von Giuseppe Castagnoli ausgeführt. Bei der Rückkehr der Lothringer wurde die Skulptur *Der Großherzog Pietro Leopoldo von Lothringen zwischen den Allegorien der Weisheit und des Überflusses*, die Skulptur *Der Großherzog Ferdinando III. von Lothringen zwischen den Allegorien der Tapferkeit und des Friedens* und die *Bildnisse der Medici und der Habsburg-Lothringer* hinzugefügt. Diese Sujets sollten die Beständigkeit der beiden Dynastien unterstreichen.

Im Saal befinden sich zwei Monumentalskulpturen aus Marmor, die Ganzkörperfiguren darstellen. Diese wurden 1584 von Ferdinando de' Medici aus der Sammlung Capranica Della Valle erworben. Die Skulpturen befanden sich vormals in Rom in der Villa Medici, von wo aus sie 1785 in den Palazzo Pitti nach Florenz gelangten.

Römische Kunst
aus trajanischer Zeit
Statue eines gefangenen Barbaren
Marmor, Inv. OdA Nr. 440
Fl. M (1584)

Römische Kunst
des 2. Jh.s n. Chr.
Statue des Augustus
Marmor, Inv. OdA Nr. 439
Fl. M

In der Saal-Mitte

Ausstellung der Arbeiten des Opificio delle Pietre Dure nach zeichnerischen Entwürfen von Giovan Battista Giorgi, Basis von Giovanni Dupré
Tisch, genannt Tisch der Musen
ausgeführt in Pietra-Dura und Bronze,
Inv. OdA Nr. 1526
1853

Wand I

Saal der Allegorien (Sala delle Allegorie)

Dieser Saal war ursprünglich das Schlafzimmer der Wohngemächer von Großherzogin Vittoria della Rovere und ist der einzige Raum im „Volterrano-Bereich" genannten Gebäudeflügels, in dem sich noch die originalen Deckenfresken und Stuckarbeiten befinden, die um 1658 von Baldassarre Franceschini, genannt Volterrano ausgeführt wurden. Die Ausschmückung ist von den Zeichnungen Pietro da Cortonas beeinflusst, die dieser für die Planeten-Säle angefertigt hatte und wurde vermutlich auch von derselben römischen Künstlergruppe umgesetzt. Die Allegorien des Gewölbes spielen auf den Namen und die Tugenden der Großherzogin an; diese sind Ruhm, Stärke und Sieg im Zentrum und Keuschheit, Frieden, Wahrheit und Weisheit in den seitlichen Paneelen.

In der Saal-Mitte

Emilio Zocchi
Michelangelo als Kind
Marmor, Inv. OdA 1911 Nr. 453
um 1682
signiert

Wand I

I-1
Cerchia dei Carracci
Bildnis eines Mannes
Papier auf Leinwand geklebt, Inv. 1912 Nr. 310
um 1587-1588
dok. im Palazzo Pitti 1834

I-2
Benedetto Luti
Kopf eines Mädchens
Pastell auf Papier, Inv. 1890 Nr. 819
GPF. M

I-3
Benedetto Luti
Engelkopf
Pastell auf Papier, Inv. 1890 Nr. 821
GPF. M

I-4
Bologneser Schule, 17. Jh. (Mastelletta?)
Ruhe auf der Flucht nach Ägypten
Tafel, Inv. 1912 Nr. 350
dok. im Palazzo Pitti 1834

I-9

I-10

I-11

I-5
Carlo Antonio Sacconi
Bildnis eines Mannes in orientalischer Kleidung
Leinwand, Inv. 1890
Nr. 2370
um 1698
dok. im Palazzo Pitti 1828
GPF. M (1713)

I-6
Justus Sustermans
Bildnis eines Mannes in Rüstung
Leinwand, Inv. 1890
Nr. 769
um 1645-1650
dok. 1704; dok. im Palazzo Pitti 1828

I-7
Justus Sustermans
Bildnis der Caterina Puliciani
Leinwand, Inv. 1890
Nr. 1071
um 1650-1660
dok. 1704

I-8
Volterrano
Käufliche Liebe
Fresko auf Schiefer,
Inv. 1912 Nr. 105
um 1642
dok. im Palazzo Pitti 1828
GPF. M (1713)

I-9
Livio Mehus
Der Genius der Skulptur
Leinwand , Inv. 1890
Nr. 5337
GPF. M

Das Gemälde wurde, wie sein Pendant *Der Genius der Malerei*, das sich heute im Prado Museum befindet, um 1650 ausgeführt und im Todesjahr des Künstlers 1691 vom Großfürsten Ferdinando de' Medici erworben. Dargestellt ist ein Jüngling, bei dem es sich vermutlich um einen Künstler oder Kunstkenner handelt. Dieser hält eine Tafel mit der Aufschrift „Genio" fest und weist auf zwei berühmte antike Statuetten; die *Minerva* aus vergoldeter Bronze als hellenistisches Original und den unteren Teil des bekannten *Herkules Farnese*.

I-10
Justus Sustermans
Der Schwur des Florentinischen Senats an Ferdinando II. de' Medici
Leinwand, Inv. 1890,
Nr. 9692
um 1624

Gegen 1624 ausgeführt bildet dieses Werk ein Modell in verkleinerten Maßen als Vorstudie für das große Gemälde, das ursprünglich für den Nischensaal (Sala delle Nicchie) im Palazzo Palazzo Pitti bestimmt war und sich heute im Saal der Niobe (Sala della Niobe) der Uffizien befindet. Das Werk wurde anlässlich des Treueschwures des florentinischen Senats an den jungen Ferdinando, der 1621 durch den Tod Cosimos II. zum Waisen wurde und sich noch unter der Vormundschaft seiner Mutter Maria Magdalena von Österreich und seiner Oma Christina von Lothringen befand.

I-11
Volterrano
Der Scherz des Pfarrers Arlotto
Leinwand, Inv. 1890
Nr. 582
1640
GC. M; GPF. M

Das Gemälde ist wohl das berühmteste des Künstlers und ist beeinflußt von den Geschichten des Pfarrers Arlotto, der im 15. Jh. in Florenz eine bekannte Persönlichkeit war. Das Bild ist datierbar auf 1640 und befand sich zunächst in der Sammlung des Florentiners Francesco Parrocchiani, um

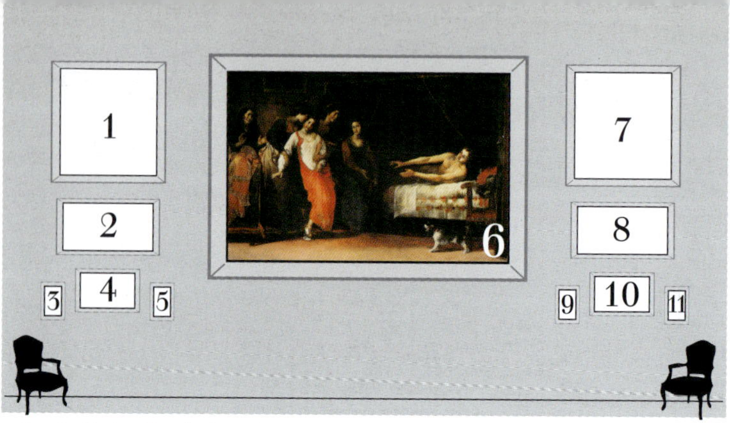

später in die des Kardinals Giovan Carlo de' Medici zu gelangen, der zwei weitere Episoden beauftragte. Nach dessen Tod gelangte das Bild in die Sammlung des Großfürsten Ferdinando.

I-12
Justus Suttermans
Bildnis des Cosimo III. de' Medici
Leinwand, Inv. 1890 Nr. 2875
um 1665

I-13
Justus Sustermans
Bildnis des Herrn Puliciani
Leinwand, Inv. 1890 Nr. 1059
um 1650-1660
dok. 1704

I-14
Volterrano
Schlafender Amor
Fresko auf Schiefer, Inv. 1912 Nr. 105
um 1642
dok. im Palazzo Pitti 1828
GPF. M (1713)

Wand II

II-1
Artemisia Gentileschi
Maria mit Kind
Leinwand, Inv. 1890 Nr. 2129
um 1610-1611
dok. im Palazzo Pitti 1663

II-2
Vasari-Schule
Mariae Geburt
Tafel, Inv. 1890 Nr. 8684
1568
dok. im Palazzo Pitti 1928

II-3
Anastagio Fontebuoni (?)
Der Hl. Johannes in der Wüste
Kupfer, Inv. 1890 Nr. 1465
Anfang des 17. Jh.s
dok. 1777

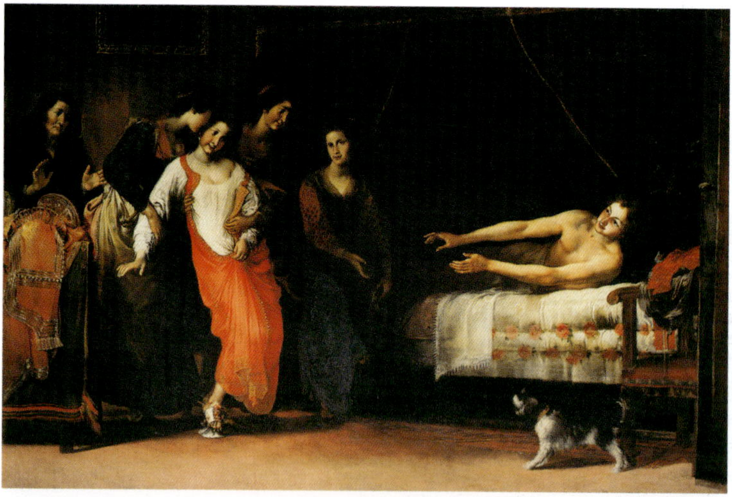

II-

II-4
Florentinische Schule, 17. Jh.
Jesuskind auf dem Kreuz schlafend
Tafel, Inv. 1890 Nr. 1358

II-5
Cristofano Allori
Maria mit Kind
Kupfer, Inv. 1890 Nr. 1498
1620
mit Siegel: CRISTOFANO ALLORI D:O IL BRONZINO
GPF. M

II-6
Giovanni da San Giovanni
Die Hochzeitsnacht
Leinwand, Inv. 1890 Nr. 2120
DL. M
Das Gemälde wurde zwischen 1620 und 1622 für Don Lorenzo de' Medici, den Bruder des Großherzogs Cosimo II., ausgeführt, um in der Villa di Castello untergebracht zu werden. Dargestellt ist die zurückhaltende junge Braut, die von einigen Frauen zum Ehebett begleitet wird, wo der Bräutigam sie bereits sehnlich und mit ausgestreckten Armen erwartet. Besondere Aufmerksamkeit verdient der Raum, indem sich die Szene ereignet; prächtig eingerichtet und malerisch äußerst detailreich umgesetzt, handelt es sich hierbei wohl um einen Einzelfall in der italienischen Malerei des 17. Jh.s.

II-7
Gregorio Pagani
Tobias heilt die Blindheit seines Vaters
Leinwand, Inv. 1890 Nr. 1539
signiert und datiert 1604
dok. 1605; dok. im Palazzo Pitti 1928

II-8
Vasari-Schule
Die Vision des Grafen Ugo
Tafel, Inv. 1890 Nr. 8685
1568
dok. im Palazzo Pitti 1928

II-9
Girolamo Macchietti
Venus und Adonis
Tafel, Inv. 1890 Nr. 6266
um 1570-1572
dok. 1704

II-10
Cristofano Allori
Kopie der *Lesenden Maria Magdalena* von Correggio
Kupfer, Inv. 1890 Nr. 1344
dok. im Palazzo Pitti 1666

II-11
Maso da San Friano
Bildnis der Elena Gaddi Quaratesi
Tafel, Inv. 1890 Nr. 1552
mit Siegel: ... Tommaso da S.Frian...
dok. 1780

Wand III

III-1
Alessandro Allori
Bildnis einer Frau aus dem Hause Medici
Tafel, Inv. Poggio Imperiale Nr. 548
um 1570-1572
dok. im Palazzo Pitti 1828

III-2
Cristofano dell'Altissimo
Bildnis der Clarice Ridolfi Altoviti
Tafel, Inv. 1912 Nr. 327
dok. 1599

III-3
Justus Sustermans
Bildnis des Erzherzog Karl von Österreich
Leinwand, Inv. 1912 Nr. 293
1623-1625
L. M (1675)

III-4
Volterrano
Bildnis des Antonio Baldinucci
Pastell auf Papier, Inv. 1890 Nr. 2578
vor 1681
mit Siegel: ... fatto da Baldassar Franceschini detto il Volterrano...
dok. im Palazzo Pitti 1775

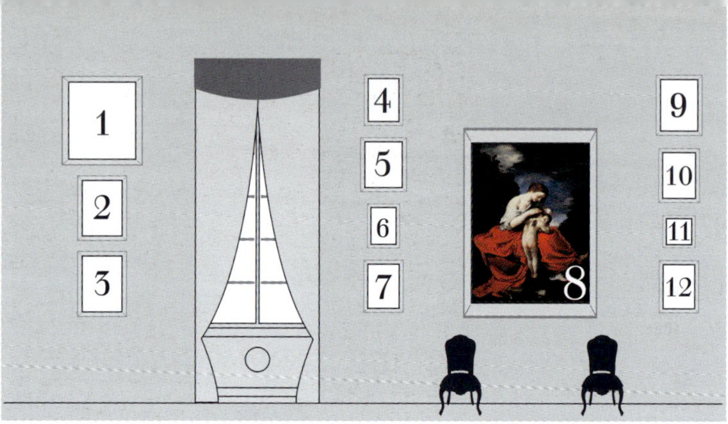

III-5
Cigoli
Die büßende Maria Magdalena
Leinwand, Inv. 1890 Nr. 2173
mit Siegel und datiert 1605
dok. im Palazzo Pitti 1928
C. M (1666)

III-6
Giovanni da San Giovanni
Die mystische Hochzeit der Hl. Katharina von Alexandrien
Leinwand, Inv. 1890 Nr. 1565
1634
DL. M (1649)

III-7
Alessandro Allori
Bildnis einer Frau
Tafel, Inv. 1912 Nr. 204
dok. im Palazzo Pitti 1828

III-8
Cristofano dell'Altissimo
Bildnis von Isabella Ruini (?)
Tafel, Inv. 1912 Nr. 315
dok. im Palazzo Pitti 1828

III-9
Justus Sustermans
Bildnis der Margherita de' Medici
Leinwand, Inv. 1912 Nr. 298
nach 1646

III-10
Giovanni da San Giovanni
Christus in der Wüste von Engeln bedient
Kupfer, Inv. 1890 Nr. 1529
um 1623-1624
dok. 1701; dok. im Palazzo Pitti 1928

III-11
Carlo Antonio Sacconi
Bildnis des Mariendieners Giunta
Leinwand, Inv. 1890 Nr. 1582
dok. 1794; dok. im Palazzo Pitti 1928
GPF. M (1713)

III-12
Bronzino-Werkstatt
Bildnis des Cosimo I. de' Medici
Tafel, Inv. 1912 Nr. 212
um 1560
L. M (1675)

III-13
Cesare Dandini
Bildnis eines Mannes
Leinwand, Inv. 1890 Nr. 2189
um 1639

III-14
Deutsche Schule, 16. Jh.
Bildnis eines Mannes
Tafel, Inv. 1912 Nr. 334
datiert 1533
dok. im Palazzo Pitti 1834

III-15
Giulio Cesare Procaccini
Anbetung der Hirten
Tafel, Inv. 1912 Nr. 319
um 1604
dok. im Palazzo Pitti 1828

Wand IV

IV-1
Lavinia Fontana
Bildnis der Isabella Ruini (?)
Leinwand, Inv. OdA 1911 Nr. 536
signiert und datiert 1593
dok. im Palazzo Pitti 1828

IV-2
Alessandro Allori-Werkstatt
Bildnis einer Frau
Tafel, Inv. 1912 Nr. 328
um 1580
dok. im Palazzo Pitti 1828

IV-3
Giovanni da San Giovanni
Die Allegorie der Malerei malt den Ruhm
Fresko auf Ziegel, Inv. 1890 Nr. 1533
um 1634
signiert
dok. im Palazzo Pitti 1928
GPF. M

IV-4
Florentinische Schule (?), 16. Jh.s
Bildnis der Maria de' Medici
Leinwand, Inv. Poggio Imperiale Nr. 393
um 1581-1582
dok. 1626

IV-5
Frans Pourbus der Jüngere
Bildnis der Elisabeth von Frankreich
Leinwand, Inv. 1890 Nr. 2403
um 1611-1612

IV-6
Onorio Marinari (?)
David und Goliath
Kupfer, Inv. 1890 Nr. 1555
dok. 1796; dok. im Palazzo Pitti 1928
DL. M (1649)

IV-7
Livio Mehus
Die büßende Maria Magdalena
Kupfer, Inv. OdA 1911 Nr. 516
um 1660-1670
mit Siegel: Livio Mehus
dok. im Palazzo Pitti 1701
GPF. M (1701)

IV-8
Giovanni da San Giovanni
Venus kämt Amor
Leinwand, Inv. 1890 Nr. 2123
1627
DL. M

Das Bild wurde wie das Gemälde *Die Hochzeitsnacht* desselben Künstlers (II-6) von Don Lorenzo de' Medici für seine Villa di Castello in Auftrag gegeben. Es wurde 1627 ausgeführt, wie aus der mit dem Namen des Künstlers versehenden Inschrift auf der Rückseite des Bildes hervorgeht. Bei der Darstellung handelt es sich um eine entmythisierende Parodie auf die antike Mythologie, indem die Göttin bei einer Beschäftigung gezeigt ist, die im 17. Jh. gebräuchlich gewesen sein dürfte, nämlich beim Kämmen des kleinen Amor mit einem engmaschigen Läusekamm.

IV-8

IV-9
Florentinische Schule, 16. Jh.
Bildnis der Bianca Cappello
Tafel, Inv. 1890 Nr. 2317

IV-10
Frans Pourbus der Jüngere
Bildnis des Louis XIII. von Frankreich
Leinwand, Inv. 1890 Nr. 2400
um 1611 (?)
L. M (1675)

IV-11
Venezianische Schule, 16. Jh.
*Bildnis eines Mannes (*ehemals *Antonio Carracci* zugeschrieben*)*
Tafel, Inv. 1912 Nr. 250
L. M

IV-12
Livio Mehus
Die Ekstase der Hl. Maria Magdalena
Kupfer, Inv. OdA 1911 Nr. 517
um 1660-1670
mit Siegel: Livio Mehus
dok. im Palazzo Pitti 1701
GPF. M (1701)

Saal der Schönen Künste (Sala delle Belle Arti)

Im 17. Jh. befand sich in diesem Raum das „Vorzimmer der Edelmänner" der Wohngemächer von Großherzogin Vittoria della Rovere; heute „Volterrano-Bereich" genannt. Anfang des 19. Jh.s wurden dieser und die angrenzenden Räume zunächst auf Wunsch der Bourbonen-Familie und später auf Wunsch der Lothringer grundlegend umgebaut und von einer Gruppe von Künstlern im neoklassizistischen Stil neu ausgeschmückt. Hervorzuheben ist insbesondere der Künstler Domenico Podestà, der 1817, nachdem die Lothringer die Herrschaft über die Toskana wiedererlangten, die Gewölbefresken mit *Jupiter schickt Iris, Minerva und die Künste zur Erde* ausführte.

Wand I

I-1
Federico Barocci
Mariae Verkündigung
Papier auf Tafel geklebt,
Inv. 1912 Nr. 261
vor 1582-1584
dok. 1713-1723
L. M (1675)

I-2
Flämische Schule,
16. Jh.
Bildnis eines Mannes
Tafel, Inv. 1912 Nr. 424
um 1509-1510
dok. im Palazzo Pitti 1828

I-3
Maso da San Friano
Bildnis einer Frau
Tafel, Inv. 1912 Nr. 283
dok. im Palazzo Pitti 1828

I-4
Florentinische Schule,
16. Jh.
Bildnis eines Mannes
Tafel, Inv. 1912 Nr. 274
um 1570-1580

I-

I-5
Peter Paul Rubens
Christi Auferstehung
Leinwand, Inv. OdA 1911
Nr. 479
GPF. M

Die Herkunft des Gemäldes ist unbekannt; entstanden zwischen 1615 und 1616 zeigt es im Vordergrund Christus auf der Grabstätte. Sein mächtiger Körperbau zeigt Anklänge an antike Statuen. Da das Bild 1713 in der Sammlung des Großfürsten Ferdinando dokumentiert ist, müsste es durch den Schwager, den Kurfürst von der Pfalz aus Düsseldorf dort hingelangt sein. Dieser besaß nämlich eine große Menge an Werken von Rubens, darunter das *Bildnis der Isabella Brandt*, das er den Medici als Schenkung übergab und welches sich heute in den Uffizien befindet.

I-6
Carlo Dolci
Die Vision des Hl. Ludwig von Toulouse
Leinwand, Inv. 1890
Nr. 747
um 1681-1686
dok. 1784; dok. im Palazzo Pitti 1928
GPF. M (1688)

Wand II

II-1
Cigoli
Maria lehrt Christus das Lesen
Leinwand, Inv. 1912
Nr. 430
um 1595
dok. Palazzo Pitti seit 1732
C. M

II-2
Cristofano Allori
Die Anbetung der Könige
Leinwand, Inv. 1890
Nr. 8741
dok. 1638

Das großformatige Gemälde blieb beim Tod des Künstlers 1621 unvollendet

II-2

und ist bereits 1638 in der mediceischen Sammlung verzeichnet, in die es vermutlich zu Zeiten des Großherzogs Ferdinando II. de' Medici gelangte. Es ist weder bekannt, aus welchem Grund das Bild in der Werkstatt verblieb, noch welche sein ursprünglicher Bestimmungsort war. Das Werk wurde vermutlich für die Wallfahrtskirche Fontenuova in Monsummano bei Pistoia, oder aber für einen Altar im Pisaner Dom ausgeführt.

II-3
Cigoli
Der Hl. Franziskus im Gebet
Leinwand, Inv. 1912 Nr. 46
um 1600
mit Siegel: L.C.
L. M (1675)

Wand III

III-1
Cigoli
Das Martyrium des Hl. Stephan
Leinwand, Inv. 1890 Nr. 8713

Das Gemälde ist auf dem unteren Rand des im Bild dargestellten Kapitells auf 1597 datiert und signiert und wurde für das florentinische Kloster der Nonnen aus Montedomini von Zaccaria Tondelli ausgeführt; Zaccaria Tondelli wurde

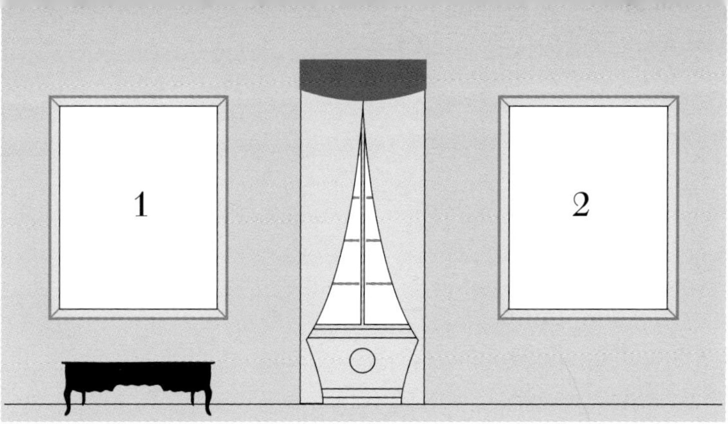

als Verwalter des Klosters vermutlich unten links im Bild wiedergegeben. Das Werk zeigt die Steinigung des Hl. Stephan, Diakon und erster christlicher Märtyrer, in einer theatralischen und suggestiven Umsetzung, wobei die Farbwahl auf die venetische Malerei verweist. Es handelt sich um eines der Meisterwerke von Cigoli, ein grundlegendes Werk für die florentinische Malerei des 17. Jh.s.

III-2
Jacopo Ligozzi
Katharinas Körper wird zum Sinai getragen
Leinwand, Inv. 1890 Nr. 8044
signiert und datiert 1617

III-3
Federico Barocci
Verkündigungsengel
Papier auf Tafel geklebt, Inv. 1912 Nr. 251
vor 1582-1584
dok. 1713-1723
L. M (1675)

III-4
Lavinia Fontana (?)
Bildnis einer Frau
Kupfer, Inv. 1912 Nr. 433
um 1600-1605
L. M (1675)

III-5
Justus Sustermans
Bildnis der Vittoria della Rovere als Hl. Margherita
Kupfer, Inv. 1890 Nr. 1038
um 1639

III-6
Giulio Romano (?)
Die Hl. Familie
Tafel, Inv. 1912 Nr. 247
um 1512
dok. im Palazzo Pitti 1635
V. DR (1631); GPF. M (1687)

Wand IV

IV-1
Empoli
Madonna del Soccorso (Maria der Hilfe der Christen)
Tafel, Inv. 1890 Nr. 9383
signiert und datiert 1593
dok. 1958

IV-2
Jacopo Ligozzi
Die Vision des Hl. Franziskus von Assisi
Leinwand, Inv. 1912 Nr. 289
signiert und datiert 1618
dok. 1618; dok. im Palazzo Pitti 1828

Saal der Arche (Sala dell'Arca)

Der Saal liegt vis-à-vis mit der Kapelle der Maria Magdalena von Österreich aus dem 17. Jh. und wurde zu Zeiten der Medici als Empfangs-Saal zu den Wohngemächern der Großherzogin genutzt. Seinen Namen erhielt der Saal von dem Fresko *Die Prozession Davids und der Hebräer zur Rückführung der Bundeslade*, das sich wie ein Fries kontinuierlich an den Wänden entland fortsetzt. Es wurde vom mailändischen Künstler Luigi Ademollo 1816 geschaffen, der einer der ersten Vertreter des italienischen Neoklassizismus war. Auftraggeber war der Herzog Ferdinando III. von Habsburg-Lothringen, der mit dem biblischen Sujet auf seine glückliche Rückkehr aus dem Exil nach der napoleonischen Herrschaftszeit anspielen wollte.

Francesco Carradori
Jupiter-Serapis
1784-1785
Marmor, Inv. O.d.A. Nr. 882
PL. AL

Das Werk ist beeinflusst von der übergroßen Serapis-Büste aus römischer Zeit, die sich heute in den vatikanischen Museen befindet. Herzog Pietro Leopoldo erhielt die Büste als Geschenk vom Bildhauer und ließ sie im Palazzo Pitti unterbringen. Vorgesehen war die Aufstellung der Büste in erhöhter Position – nach dem Vorbild des antiken Originals – mit einem Strahlenkranz aus vergoldetem Metall, der jedoch verloren gegangen ist.

Reliquien-Kapelle (Cappella delle Reliquie)

Die Kapelle gehörte zu Zeiten der Medici zu den Wohngemächern der Großherzoginnen und war ehemals die Hauptkapelle, bis 1785 die neoklassizistische Palatina-Kapelle auf dem Ammannati-Hof eingeweiht wurde.
Zwischen 1632 und 1784 wurden in dieser Kapelle die Reliquien von Mitgliedern der Herrscherfamilien, die nicht zum privaten Gebrauch bestimmt waren, aufbewahrt. Noch heute gilt die Reliquien-Kapelle als die bedeutendste unter den erhaltenen von den ursprünglich zahlreichen Kapellen, die sich verstreut in den herzoglichen Wohngemächern befanden. Die Kapelle wurde 1565 von Alfonso Parigi errichtet; dann für die Großherzogin Maria Magdalena von Österreich neu gestaltet und um 1612 mit Fresken ausgeschmückt, die *Szenen aus dem Marienleben und aus dem Leben der Maria Magdalena* zeigen und von Michelangelo Cinganelli nach Zeichnungen von Bernardino Poccetti ausgeführt wurden.
Die Stuckarbeiten an den Wänden und an den Vorrichtungen zur Aufbewahrung der Reliquien sind 1712 erneuert worden. Auf den Seiten der Reliquienschränke wurden jedoch Bilder eingefügt, die bereits um 1618 von einigen florentinischen Künstlern geschaffen wurden: *Mariae Verkündigung* von Fabrizio Boschi; *Himmelfahrt der Maria Magdalena* und *Der Hl. Franziskus von Assisi* von Matteo Rosselli; die *Heiligen Cosmas und Damian* von Giovanni Bilivert und *Die Taufe Christi* von Filippo Tarchiani.

Über dem Altar

Das Gemälde *Die Ruhe auf der Flucht nach Ägypten* von Battistello Caracciolo aus dem Jahr 1618 (Inv. OdA 1911 Nr. 420) ersetzte im Barock die originale Tafel der *Madonna mit Kind*, die jedoch verloren gegangen ist. Auf der Lünette darüber erkennt man den *Gottvater*, der von Giuseppe Collignon 1821 geschaffen wurde.

Auf der linken Seite

Grazioso Spazzi
Isaak auf dem Scheiterhaufen
Marmor, Inv. OdA 1911 Nr. 422
signiert und datiert 1860

Auf der rechten Seite

Carlo Dolci
Gottvater
Tafel, Inv. 1890 Nr. 8688
1667
Die Tafel stammt aus der florentinischen Bruderschaft des „Scalzo“ (Barfüßigen) und gelangte 1785 in die herzogliche Sammlung.

Vitrinen-Saal (Sala delle Vetrine)

In den Vitrinen dieses kleinen, an den Saal der Arche (Sala dell'Arca) angrenzenden Raumes sind kostbare Miniaturmalereien ausgestellt; die Sammlung ist das Ergebnis der zahlreichen Aufträge und der Sammlerleidenschaft der Medici und der Della Rovere. Den Schwerpunkt der Sammlung bilden aufgrund von Anzahl und Bedeutung die Werke von Giovanna Garzoni. Außerdem sind die Miniaturen der Nonne Veronica Vitelli und die beiden Serien von Valerio Mariani und Simone Lupi mit kleinformatigen Malereien hervorzuheben, die der Kurfürstin Anna Maria Luisa de' Medici gehörten.

Wand I

I-1
Deutsche Schule (?), 17. bis 18. Jh. (nach Luis de Morales ?)
Ecce Homo
Pergament, Inv. 1890 Nr. 7897
um 1691-1716
dok. im Palazzo Pitti 1743
AML. M (1691-1716)

I-2
Deutsche Schule (?), 17. bis 18. Jh.
Anbetung der Hirten
Pergament, Inv. OdA 1911 Nr. 403
um 1691-1716
dok. im Palazzo Pitti 1743
AML. M (1691-1716)

I-3
Michael Posner
Kopie des *Bildnis der Anna Maria Luisa de' Medici in Witwenkleidung* von Jan Frans van Douven
Pergament, Inv. 1890 Nr. 8121
signiert und datiert 1717
AML. M (1717)

I-4
Deutsche Schule (?), 17. bis 18. Jh (nach Marten van Heemskerck?)
Salvator Mundi
Pergament, Inv. OdA 1911 Nr. 407
um 1691-1716
dok. im Palazzo Pitti 1743
AML. M (1691-1716)

I-5
Deutsche Schule (?), 17. bis 18. Jh.
Kopie der *Heilung des Gelähmten* von Anton van Dyck
Pergament, Inv. 1890 Nr. 614
um 1691-1716
dok. im Palazzo Pitti 1743
AML. M (1691-1716)

I-6
Michael Posner
Kopie des *Noli me tangere* von Federico Barocci
Pergament, Inv. 1890 Nr. 837
um 1714-1717
signiert
AML. M (1717)

I-7
Deutsche Schule (?), 17. bis 18. Jh.
Kopie des *Christus und die reuigen Sünder* von Rubens
Pergament, Inv. OdA 1911 Nr. 404
um 1691-1716
dok. im Palazzo Pitti 1743
AML. M (1691-1716)

I-8
J. Jakob Buechoffer
Kopie der *Amazonenschlacht* von Rubens
1890 Nr. 842
signiert
AML. M (1717)

Wand II

II-1
Richard van Orley
Opfer an Apollon
Pergament, Inv. OdA 1911 Nr. 867

Die Reihe von acht Miniaturen gehörte der Kurfürstin Anna Maria Luisa de' Medici und wurde von ihr vermutlich in den Jahren ihres Aufenthaltes in Deutschland beim belgischen Künstler in Auftrag gegeben. 1717 brachte die Kurfürstin die Werke nach Florenz, nachdem sie Witwe geworden war. In dieser Reihe und auf vier weiteren Miniaturen (II-2, 4, 5, 7) ist die Unterzeichnung des Künstlers zu sehen.

II-2
Richard van Orley
Pan und Syrinx
Pergament, Inv. OdA 1911 Nr. 869
signiert

II-3
Richard van Orley
Opfer der Iphigenie
Pergament, Inv. OdA 1911 Nr. 864

II-4
Richard van Orley
Die Töchter von Kekrops finden den kleinen Erichthonios
Pergament, Inv. OdA 1911 Nr. 871
signiert

II-5
Richard van Orley
Das Opfer an Venus
Pergament, Inv. OdA 1911 Nr. 868
signiert

II-6
Pieter Boy (?) (nach Adriaen van der Werff)
Die Ruhe auf der Flucht nach Ägypten
Goldplatte, emailliert, Inv. 1890 Nr. 811
nach 1702
C III. M (1706); AML. M (1737)

II-1

II-7
Richard van Orley
Opfer an Bacchus
Pergament, Inv. OdA 1911
Nr. 866
signiert

II-8
Richard van Orley
Daphne und Chloe
Pergament, Inv. OdA 1911
Nr. 870

II-9
Richard van Orley
Hymenaios
Pergament, Inv. OdA 1911
Nr. 865

II-10
Giovanna Garzoni
Schale mit Pfirsichen und Pflaumen
Pergament, Inv. 1890
Nr. 4761

Diese und die neunzehn folgenden Miniaturen sind wahre Meisterwerke der naturalistischen und botanischen Malerei. Die ascolanische Künstlerin führte die Bilder in Rom zwischen 1651 und 1662 für den Großherzog Ferdinando II. de' Medici aus. Der Kern der Sammlung, was die Anzahl und Qualität der Werke betrifft, wurde 1692 in das Inventar der Villa del Poggio Imperiale aufgenommen und gehörte in die Kunstsammlung der Großherzogin Vittoria della Rovere.

II-11
Giovanna Garzoni
Schale mit Erdbeeren, Birnen und Heuschrecke
Pergament, Inv. 1890
Nr. 4758

II-12
Giovanna Garzoni
Schale mit Feigen und Blüten
Pergament, Inv. 1890
Nr. 4757

II-

II-

II-13
Giovanna Garzoni
Schale mit Pfirsichen und Gurke
Pergament, Inv. 1890
Nr. 4763

II-14
Giovanna Garzoni
Schale mit Weintrauben und einem Pfirsich
Pergament, Inv. 1890
Nr. 4748

II-15
Giovanna Garzoni
Chinesische Schale mit Artischocken und Erdbeeren
Pergament, Inv. 1890
Nr. 4760

II-16
Giovanna Garzoni
Schale mit Erbsenschoten und zwei Rosen
Pergament, Inv. 1890
Nr. 4762

II- 17
Giovanna Garzoni
Teller mit Pflaumen und Haselnüssen
Pergament, Inv. 1890
Nr. 4766

II-18
Giovanna Garzoni
Schale mit Kirschen und Nelken
Pergament, Inv. 1890
Nr. 4764

II-19
Giovanna Garzoni
Schale mit Feigen
Pergament, Inv. 1890
Nr. 4767

II-20
Giovanna Garzoni
Schale mit Kirschen und Feigen
Pergament, Inv. 1890
Nr. 4747

II-21
Giovanna Garzoni
Stilleben mit einer Melone und einem Stück Wassermelone
Pergament, Inv. 1890 Nr. 4771

II-22
Giovanna Garzoni
Schale mit grünen Mandeln und einer Rose
Pergament, Inv. 1890 Nr. 4749

II-23
Giovanna Garzoni
Der Alte aus Artimino
Pergament, Inv. 1890 Nr. 4778
L. M (1648); V. DR (1691)

II-24
Giovanna Garzoni
Schale mit Schoten, Kernbohnen und Nelke
Pergament, Inv. 1890 Nr. 4765

II-25
Giovanna Garzoni
Teller mit Granatapfel, Kastanien und Schnecke
Pergament, Inv. 1890 Nr. 4759

II-26
Giovanna Garzoni
Schale mit kleinen Birnen, Kirschen und Mandeln
Pergament, Inv. 1890 Nr. 4772

II-27
Giovanna Garzoni
Schale mit Pflaumen, Jasminblüten und Walnuss
Pergament, Inv. 1890 Nr. 4751

II-28
Giovanna Garzoni
Stilleben mit Weintrauben, Birnen und Schnecke
Pergament, Inv. 1890 Nr. 4769

II-29
Giovanna Garzoni
Chinesische Schale mit Feigen, Kirschen und Stieglitz
Pergament, Inv. 1890 Nr. 4750

II-30
Giovanna Garzoni
Hündchen mit Brotschnitte
Pergament, Inv. 1890 Nr. 4770
um 1648
signiert
V. DR (1691)

Wand III

III-1
Herman Hestenburg
Martin der Fischer
Aquarell auf Papier, Inv. 1890 Nr. 4773
signiert
dok. 1761; dok. im Palazzo Pitti 1987
C III. M (1700)

III-2
Teresa Berenice Vitelli (Nonne Veronica)
Zwei Spatzen und eine Maus
Gouache auf Pergament, Inv. 1890 Nr. 4774
signiert und datiert 1720
dok. 1733
VB. B

III-3
Ferdinando Narvaez
Kleiner Blumentopf aus chinesischem Porzellan
Pergament, Inv. 1890 Nr. 6681
mit Siegel: Cavaliere Ferdinando Narvaez
VB. B (1732)

III-4
Teresa Berenice Vitelli (Nonne Veronica)
Kernbeißer mit zwei Kirschen und Töpfchen mit Nelken
Gouache auf Pergament, Inv. 1890 Nr. 4755
vor 1706 (?)

III-5
Alessandro Marsili
Kleiner Blumenstrauß mit Windröschen und Tulpen
Pergament, Inv. 1890 Nr. 6679
signiert und datiert 1702

III-6
Teresa Berenice Vitelli (Nonne Veronica)
Papagei, Kohlmeise und zwei Eidechsen
Gouache auf Pergament , Inv. 1890 Nr. 4775
signiert und datiert 1706
dok. 1761; dok. im Palazzo Pitti 1987

III-7
Teresa Berenice Vitelli (Nonne Veronica)
Kleiner Blumenstrauß mit Tulpen und Rittersporn
Gouache auf Pergament, Inv. 1890 Nr. 4768

Wand IV

IV-1
Simonzio Lupi
Der Hl. Franziskus von Assisi
Pergament, Inv. 1890 Nr. 697

Dieses ist eines von insgesamt elf Miniaturen (von denen drei weitere ausgestellt sind, vgl. IV-4, 5, 15), die dem bergamaskischen Künstler zugeschrieben wurden, der zwischen dem Ende des 16. und dem Anfang des 17. Jh.s für die Della Rovere in der kleinen Werkstatt des Herzogs Francesco Maria II. della Rovere in Pesaro tätig war. Die Werke sind auf das letzte Jahrzehnt des 16. Jh.s zu datieren und befanden sich in einem der drei Bücher, die 1654 in einem Inventar der Medici-Sammlung aufgenommen wurden und sind auf die Erbschaft der Vittoria della Rovere zurückzuführen, wo sie 1692 dokumentiert sind.

IV-2
Valerio Mariani
Christi Geburt
Pergament, Inv. 1890 Nr. 3510

Dieses Werk gehört zu einer Reihe von sechsundzwanzig Miniaturen (von denen weitere neun ausgestellt sind, vgl. IV-3, 6, 7, 9, 10, 12, 13, 16, 19) vom Künstler aus Pesaro, die anlässlich der Feierlichkeiten in liturgischer Zeit bereits in einem Büchlein broschiert wurden. Dieses war dem Herzog von Urbino, Francesco Maria II. della Rovere gewidmet, der dem Künstler hierfür zwischen 1608 und 1617 Zahlungen zukommen ließ. Es ist umstritten, ob das Werk für die Hochzeit von Federico Ubaldo und Claudia de' Medici – den Eltern von Vittoria della Rovere – beauftragt wurde, in deren Erbschaft die gerahmten Miniaturen 1692 dokumentiert sind.

IV-3
Valerio Mariani
Die Geburt Johannes des Täufers
Pergament, Inv. 1890 Nr. 688

IV-4
Simonzio Lupi
Der Hl. Ubald von Gubbio
Pergament, Inv. 1890 Nr. 696

IV-5
Simonzio Lupi
Der Hl. Ägidius
Pergament, Inv. 1890 Nr. 700

IV-

IV-

IV-

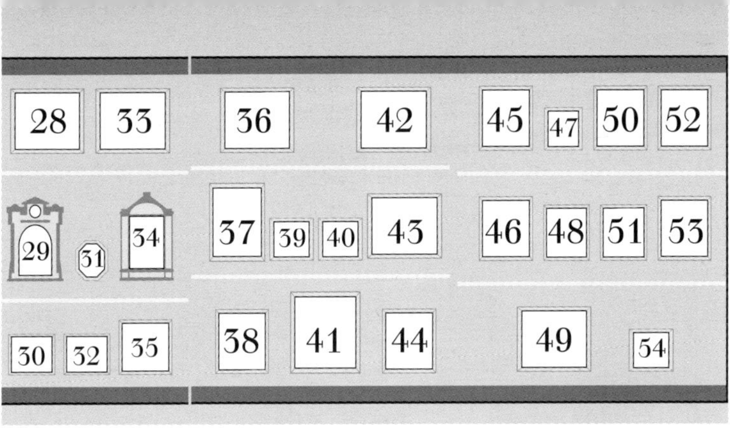

IV-6
Valerio Mariani
Darstellung Christi im Tempel
Pergament, Inv. 1890
Nr. 3511

IV-7
Valerio Mariani
Die Beschneidung Christi
Pergament, Inv. 1890
Nr. 3507

IV-8
Simonzio Lupi
Wiederauferstehung Christi
Pergament, Inv. 1890
Nr. 707

Dieses ist eine von insgesamt zehn Miniaturen (von denen vier weitere ausgestellt sind, vgl. IV-11, 14, 17, 18), die ohne Zweifel vom bergamaskischen Künstler stammen. Die Herkunft und Datierung in das letzte Jahrzehnt des 16. Jh.s stimmen mit denen der Reihe aus elf Werken überein.

IV-9
Valerio Mariani
Das letzte Abendmahl
Pergament, Inv. 1890
Nr. 3506

IV-10
Valerio Mariani
Die Geburt der Jungfrau Maria
Pergament, Inv. 1890
Nr. 680

IV-11
Simonzio Lupi
Christus auf dem See Genezareth
Pergament, Inv. 1890
Nr. 705

IV-12
Valerio Mariani
Christus auf dem See Genezareth
Pergament, Inv. 1890
Nr. 690

IV-13
Valerio Mariani
Das Martyrium des Hl. Thomas
Pergament, Inv. 1890
Nr. 3504

IV-14
Simonzio Lupi
Das Martyrium des Hl. Thomas
Pergament, Inv. 1890
Nr. 712

IV-15
Simonzio Lupi
Erzengel Raphael und Tobias
Pergament, Inv. 1890
Nr. 694

IV-16
Valerio Mariani
Mariae Himmelfahrt
Pergament, Inv. 1890
Nr. 689

IV-17
Simonzio Lupi
Das Martyrium des Hl. Markus
Pergament, Inv. 1890
Nr. 711

IV-18
Simonzio Lupi
Die Kreuzigung
Pergament, Inv. 1890
Nr. 693

IV-19
Valerio Mariani
Pfingsten
Pergament, Inv. 1890
Nr. 3500

IV-20
Mitteleuropäische Schule (?), 18. Jh.
Bildnis des Kaisers Francesco I.
Pergament, Inv. OdA 1911
Nr. 60

IV-21
Mitteleuroäische Schule (?), 18. Jh.
Bildnis der Kaiserin Maria Teresa
Pergament, Inv. OdA 1911
Nr. 61

IV-22
Florentinische Schule, Anfang des 18. Jh.s
Der Glanz des Glaubens
Pergament, Inv. 1890 Nr. 8320
In einer Szene sieht man das Wappen der Medici

IV-23
Mittelitalienische Schule, 17. Jh.
Madonna mit Kind im Garten
Pergament, Inv. 1890 Nr. 9644
vor 1616
dok. 1625

IV-24
Maddalena Corvini
Maria mit Kind
Pergament, Inv. 1890 Nr. 5574
signiert und datiert

IV-25
Bernardo Buontalenti (?)
Aufstieg zum Kalvarienberg
Pergament, Inv. 1890 Nr. 5571
nach 1574
dok. 1692 und 1695

IV-26
Italienische Schule,16. Jh. (?)
Kopie der *Madonna der göttlichen Liebe* von Raffael
Pergament, Inv. 1890 Nr. 7857
nach 1517-1518

IV-27
Florentinische Schule, 17. Jh.
Wiederauferstehung Christi
Alabaster, Inv. OdA 1911 Nr. 1446
Anfang des 17. Jh.s
dok. 1624

IV-28
Leonaert Bramer (Umkreis) (?)
Karnevalsszene
Schiefer, Inv. OdA 1911 Nr. 519
L. M (1675)

IV-29
Römische Schule, 17. Jh.
Reliquienaltar mit Verkündigung
Lapislazuli, Inv. 1890 Nr. 9646

IV-30
Reinier Nooms (?)
Seeküste mit Dreimastschiff am Ankerplatz
Tafel, Inv. 1890 Nr. 5969
dok. 1714
C III. M (?); GPF. M

IV-31
Leonaert Bramer (Umkreis ?)
Szene im Gasthaus
Schiefer, Inv. OdA 1911 Nr. 520
L. M (1675)

IV-32
Jacques Stella
Maria mit Kind und Johannesknaben
Schwarzer belgischer Marmor, Inv. 1890 Nr. 7849
um 1618-1622

IV-33
Renier Nooms (Zeeman) (?)
Seehafen
Tafel, Inv. 1890 Nr. 5573
dok. 1714
C III. M (?); GPF. M

IV-34
Florentinische Schule (?), 17. Jh.
Gottfried von Bouillon und Ludwig IX. von Frankreich beten eine Reliquie des Grabtuches an
Pergament, Inv. 1890 Nr. 9645
C. L (1640)

IV-35
Filippo Napoletano
Waldstück nachts mit kleinem Tempel
Schiefer, Inv. 1890 Nr. 715
um 1617-1621
C II. M

IV-36
Jan van Kessel
Interieur mit Hund
Kupfer, Inv. OdA 1911 Nr. 523
C III. M (?)

IV-37
Alessandro Turchi (Orbetto)
Geißelung Christi
Schiefer, Inv. P. Imp. Nr. 2123
1614-1615

IV-38
Leonaert Bramer
Anbetung der Hirten
Schiefer, Inv. 1890 Nr. 7850
dok. 1872

IV-39
Florentinische Schule, 17. Jh.
Die Stigmatisierung des Hl. Franziskus von Assisi
toskanischer Kalkstein (pietra paesina), Inv. 1890 Nr. 6111

IV-40
Jan van Kessel
Fische am Strand
Kupfer, 1890 Nr. 1069
signiert und datiert 1661
rückseitig mit Sie-
gel: Della Sereniss.
Elettrice/I.V.Kessel.F:
dok. im Palazzo Pitti 1977
AML. M (1731)

IV-41
Leonaert Bramer
Anbetung der Könige
Schiefer, Inv. 1890 Nr. 830
um 1616-1628
dok. 1872

IV-42
Jan Asselijn (?)
Wanderer die nachts einen Bach überqueren
Schiefer, Inv. 1890 Nr. 1032
rückseitig mit Siegel:
Krabbeke
dok. 1704

IV-43
Filippo Napoletano
Die Versuchung des Hl. Antonius
toskanischer Kalkstein
(pietra paesina), Inv. 1890
Nr. 5567
1619
dok. im Palazzo Pitti 1773

IV-44
Florentinsche Schule, 17. Jh.
Die büßende Maria Magdalena
toskanischer Kalkstein
(pietra paesina), Inv. OdA
1911 Nr.1440
Anfang des 17. Jh.s

IV-45
Willem van Mieris der Jüngere
Die büßende Maria Magdalena
Tafel, Inv. 1890 Nr. 1207
signiert und datiert 1697
dok. 1772
C III. M ?

IV-46
Frans van Mieris der Ältere
Der verliebte Alte
Tafel, Inv. 1890 Nr. 1275
1673
dok. 1704
C III. M (1674)

IV-47
Jan van Kessel
Stilleben mit einem Affen, der Früchte stiehlt
Kupfer, Inv. 1890 Nr. 5576
dok. im Palazzo Pitti 1828

IV-48
Frans van Mieris der Ältere
Bildnis eines Mannes
Tafel, Inv. 1890 Nr. 1183
signiert und datiert 1663
rückseitig mit Siegel:
Francesco Miriis
dok. im Palazzo Pitti An-
fang des 18. Jh.s
GPF. M (1713)

IV-49
F. V. Daellen
Vanitas-Stilleben
Tafel, Inv. 1890 Nr. 1077
C III. M (1686)

IV-50
F. V. Daellen
Vanitas-Stilleben
Tafel, Inv. 1890 Nr. 1081
signiert
C III. M (1686)

IV-51
Egbert van Heemskerck
Alte Bäuerin
Tafel, Inv. 1890 Nr. 1188
um 1665-1675
dok. im Palazzo Pitti 1928
L. M

IV-52
Egbert van Heemskerck
Alter Bauer
Tafel, Inv. 1890 Nr. 1178
um 1665-1675
dok. im Palazzo Pitti 1928
L. M

IV-53
Caspar Netscher
Mädchen zieht eine Uhr auf
Tafel, Inv. 1890 Nr. 1189
um 1665
dok. 1753
GPF. M (1713)

IV-54
Jan van Kessel
Landschaft und Stilleben mit Gemüse und Obst
Kupfer, Inv. 1890 Nr. 1228
signiert
dok. im Palazzo Pitti in der
zweiten Hälfte des 17. Jh.s

5

Herkules-Saal (Sala di Ercole)

Im 17. Jh. als „Salon der deutschen Garde" bezeichnet, gehörte dieser Saal zu den Wohngemächern der Vittoria della Rovere und zählt heute zum „Volterrano-Bereich". Er wurde im Zuge einer umfassenden Erneuerung Anfang des 19. Jh.s in einen malerischen und eleganten Empfangssalon verwandelt, für den der Architekt Giuseppe Cacialli die Entwürfe lieferte. Die Ausschmückung wurde zwischen 1817 und 1829 im vornehmen neoklassizistischen Geschmack von Pietro Benvenuti ausgeführt. Auf den fünf großen Tafeln und den zehn kleineren Hell-Dunkel-Malereien, die sich im oberen Bereich der Wände befinden, sind *Das Leben und die Heldentaten des Herkules* dargestellt. Die üppige Darstellung wird dem großzügigen Raum mit seiner Einrichtung gerecht und bezeugt zugleich den alten Prunk des Herrschaftssitzes zu Zeiten Napoleons und dann der Lothringer.

Unter den Einrichtungsgegenständen sticht auf der Konsole zwischen den Fenstern eine *Uhr* hervor, geschaffen im 18. Jh. in einer französischen Manufaktur weist sie auf dem Zifferblatt ein Siegel mit der Aufschrift „Thonissen à Paris" auf und gehörte Ferdinando II. von Habsburg-Lothringen. In der Saalmitte befindet sich eine *Porzellanvase* aus der Manufaktur in Sèvres (1784) mit einem Aufsatz aus vergoldeter Bronze, mit Figuren und Festons, der von Pierre Philippe Thomire geschaffen wurde. Napoleon verschenkte die Vase an die Herzogin Maria Luisa von Lucca.

Wand III

Wand IV

Fresken:

Wand I

1 - *Die Geburt des Herkules*

2 - *Herkules kämpft mit den Zentauren, die seine Frau Deianira entführen*

3 - *Herkules entreißt Deianira dem Zentauren Nessos*

Wand II

4 - *Herkules und Kakus*

5 - *Herkules führt die wiederauferstandene Alkestis zu ihrem Ehemann Admetos zurück*

6 - *Herkules kämpft gegen den Kretischen Stier*

Wand III

7 - *Herkules und Hydra*

8 - *Herkules am Scheideweg*

9 - *Erlegung des Nemëischen Löwen*

Wand IV

10 - *Herkules als Kind eine Schlange erwürgend*

Im Gewölbe

11 - *Die Hochzeit von Herkules und Hebe*

12 - *Herkules wird von Merkur zu Juno geführt, die ihm Milch gibt*

13 - *Herkules kämpft gegen die Amazonen*

14 - *Herkules kämpft gegen Kerberos*

15 - *Herkules auf dem Scheiterhaufen*

8

11

Saal der Aurora (Sala dell'Aurora)

Im 17 Jh. war dieses der „Portier-Raum“ der Wohngemächer, die auch von Kardinal Giovan Carlo de' Medici bewohnt wurden. Der gesamte Gebäudeflügel wird heute als „Volterrano-Bereich“ bezeichnet und wurde Anfang des 19. Jh.s zunächst auf Wunsch der Familie Bourbone und dann der Lothringer grundlegend umgestaltet. Im Zuge der Erneuerungen, die zur Heimkehr der Lothringer ausgeführt wurden, gestaltete Gaspero Martellini das Gewölbe zwischen 1817 und 1820 mit *Aurora, die Göttin der Morgenröte streut Blumen, umgeben von den Künsten, der Zeit und einer Büste des Großherzogs Ferdinando III. von Lothringen.*

Wand I

I-1
Justus Sustermans
Bildnis des Ivan Czomodanoff
Leinwand, Inv. 1890 Nr. 2371
1657
GPF. M (1713)

I-2
Lorenzo Lippi
Jakob und Rachel am Brunnen
Leinwand, Inv. 1890 Nr. 3476 und Nr. 3477
dok. 1677; dok. im Palazzo Pitti 1928

Es handelt sich um das Pendant-Gemälde zum *Triumph Davids* (ebenfalls in diesem Saal, III-1); dargestellt ist Rachel mit der Herde, die dem Jakob begegnet, dessen Lieblings-Ehefrau sie später werden soll. Beide Werke wurden zwischen 1640 und 1645 ausgeführt, sind 1677 von Giovanni Cinelli im Hause Passerini-Galli in Florenz dokumentiert und wurden 1910 von deren Nachkommen erworben, um 1928 in den Palazzo Pitti zu gelangen.

I-2

Wand II

II-1
Volterrano
Ecce Homo
Leinwand, Inv. Poggio Imperiale Nr. 747
um 1680-1683
GPF. M

II-2
Justus Sustermans
Bildnis der Maria Magdalena von Österreich als Hl. Maria Magdalena
Leinwand, Inv. 1890 Nr. 563
um 1625-1630
dok. 1681; dok. im Palazzo Pitti 1687

II-3
Empoli
Der Hl. Ivo als Beschützer von Witwen und Waisen
Tafel, Inv. 1890 Nr. 1569
signiert und datiert 1616
C II. M (1616)

Die große Tafel zeigt den Hl. Ivo Hélory von Kermartin, einen geistlichen Advokat des 13. Jh.s, wie er den ihm Betreuten Gerechtigkeit zukommen lässt. Aus der langen Widmungs-Inschrift mit dem Namen des Künstlers geht hervor, dass das Werk 1616 für den Audienz-Saal des damaligen Gerichts für Pflegekinder, welches sich im 16. Jh. in den Uffizien befand, ausgeführt wurde. Auf der rechten Seite, neben dem Heiligen, der sich dem Betrachter zuwendet, erkennt man den Auftraggeber den Statthalter Benedetto Giugni. Auf Wunsch des Großherzogs Pietro Leopoldo von Habsburg-Lothringen wurde das Werk 1777 in den Uffizien untergebracht und anschließend in den Palazzo Pitti überführt.

II-4
Jacopo Ligozzi
Anbetung der Könige
Leinwand, Inv. 1890 Nr. 8671
signiert und datiert 1597
dok. 1808; dok. im Palazzo Pitti seit 1928

II-5
Domenico Pugliani
Geburtsszene
Tafel, Inv. 1890 Nr. 8416
um 1615
dok. 1920

II-3

Wand III

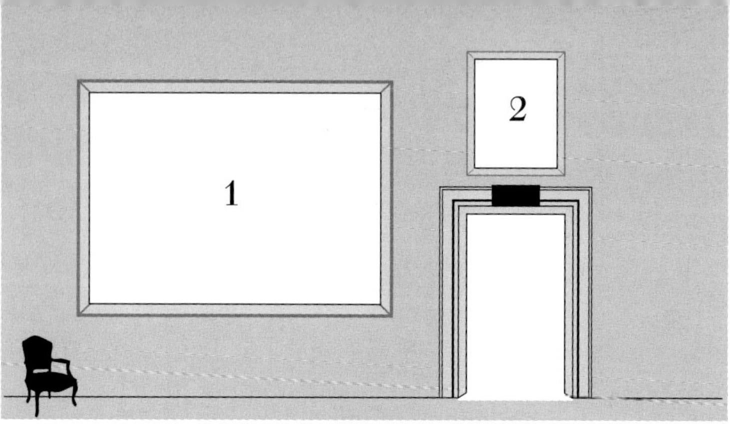

Wand IV

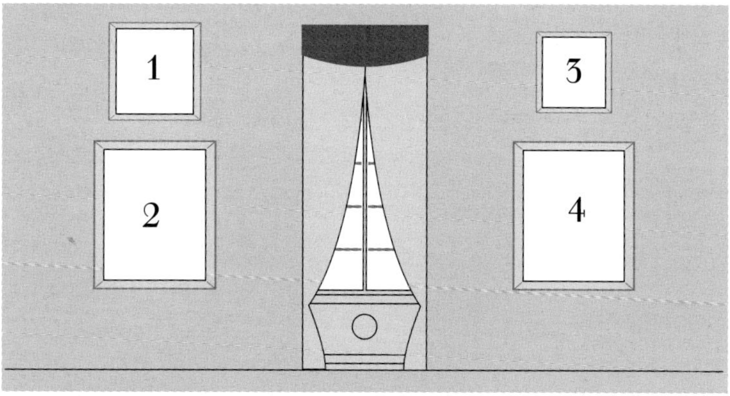

Wand III

III-1
Lorenzo Lippi
Der Triumph Davids
Leinwand, Inv. 1890
Nr. 3476 und Nr. 3477
um 1640-1645
dok.1677; im Palazzo Pitti seit 1928.

III-2
Lavinia Fontana
Bildnis des Francesco Panigarola
Leinwand, Inv. 1890
Nr. 807
signiert und datiert 1585
dok. im Palazzo Pitti 1702-1710

Wand IV

IV-1
Pietro da Cortona
Die Hl. Maria von Ägypten
Leinwand, Inv. 1890
Nr. 572
um 1637
C III. M (1674); V. DR (1692)

IV-2
Jacopo Vignali
Leon und die Zauberin Melissa helfen Roland
Leinwand, Inv. 1890
Nr. 5054
1636
C. M (1636)

IV-3
Jacopo Vignali
Christus und die Samariterin
Leinwand, Inv. 1890
Nr. 8030
um 1620

IV-4
Empoli
Die Trunkenheit Noahs
Leinwand, Inv. 1890
Nr. 9413
um 1615-1620
dok. 1959

Berenike-Saal (Sala di Berenice)

Im 17. Jh. wurde dieser Saal als „Vorzimmer für Edelmänner und Zimmer für den Geheimsekretär des Kardinals Giovan Carlo de' Medici" bezeichnet. Der Saal gehört zu dem Gebäudeflügel, der heute „Volterrano-Bereich" genannt wird und Anfang des 19. Jh.s auf Wunsch der Bourbonen und anschließend der Lothringer umgestaltet wurde. Giuseppe Bezzuoli schmückte 1820 im Zuge der Erneuerungen, die zur Rückkehr der Lothringer ausgeführt wurden, die Decke mit *Titus und Berenike* und in den Lünetten mit den Kardinaltugenden (Mäßigung, Gerechtigkeit, Tapferkeit und Weisheit) aus.

Wand I

I-1
Francesco Cambi
Bildnis des Stefano della Bella
Leinwand, Inv. 1890 Nr. 1541
dok. 1798
Auf der Rückseite befindet sich die Inschrift: Ritratto del Signor Stefano della Bella di mano del Signore Francesco Cambi famosissimo pittore fiorentino fatto in Parigi l'anno del nostro Signore MDCXXXVI (Bildnis des Herrn Stefano della Bella, geschaffen von der Hand des berühmten florentinischen Malers Herrn Francesco Cambi in Paris im Jahr des Herrn 1636)
L. M (?)

I-2
Francesco Albani-Werkstatt
Petrus aus dem Gefängnis befreit
Kupfer, Inv. 1912 Nr. 278
dok. im Palazzo Pitti 1836
L. M (1675)

I-3
Volterrano
Die Hl. Katharina von Siena
Tafel, Inv. 1890 Nr. 1518
um 1680-1683
Inschrift auf der Rückseite: Baldassare Franceschini Volterrano
GPF. M (1685)

I-4
Carlo Dolci
Gebet Christi im Garten Gethsemane
Tafel, Inv. 1912 Nr. 288
dok. im Palazzo Pitti 1761

I-5
Luca Giordano
Anbetung der Könige
Leinwand, Inv. Poggio Imperiale Nr. 155
dok. im Palazzo Pitti 1761
C III. M (1688)

I-6
Filippo Tarchiani
Maria reicht einer Novize das Nonnen-Gewand
Leinwand, Inv. 1890 Nr. 2167
1608-1615
dok. 1795; dok. im Palazzo Pitti 1876

I-7
Giovanni Bilivert
Angelika und Roland
Leinwand, Inv. 1890 Nr. 8034
um 1623-1624
dok. im Palazzo Pitti 1987
C. M

I-8
Francesco Furini
Gott tadelt Adam und Eva
Leinwand, Inv. 1912 Nr. 426
um 1634-1635
F III. AL (1818)

Wand II

II-1
Cristofano Allori
Die büßende Maria Magdalena
Leinwand, Inv. 1890 Nr. 2174
C. M

Wand II

II-2
Orazio Riminaldi
Martyrium der Hl. Cäcilie
Leinwand , Inv. 1912
Nr. 489
um 1620-1625
dok. im Palazzo Pitti 1970
GPF. M (1693)

Das Gemälde gilt als Meisterwerk des Künstlers und wurde zwischen 1620 und 1625 für Santa Maria della Rotonda in Rom (Pantheon) ausgeführt, jedoch in der Kirche Santa Caterina in Pisa untergebracht, wo der Großfürst Ferdinando de' Medici darauf aufmerksam gemacht wurde. Diesem gelang es 1693 das Bild für die eigene Sammlung zu erlangen und ließ es an drei Seiten von dem Künstler Gabbiani erweitern und mit einem neuen Rahmen versehen. Dargestellt ist die Enthauptung der Hl. Cäcilie, die Beschützerin der Musiker, erkennbar an ihren Attributen, der Violine und dem Notenblatt.

II-3
Livio Mehus
Das Wunder des Hl. Zenobius
Leinwand, Inv. Poggio Imperiale Nr. 1216
um 1665-1670
L. M (1675)

Wand III

III-1
Cristofano Allori
Anbetung der Hirten
Leinwand, Inv. 1912
Nr. 475
um 1600
dok. im Palazzo Pitti 1828

III-2
Anton Domenico Gabbiani
Der Tod des Hl. Joseph
Leinwand, Inv. Poggio Imperiale Nr. 1029
um 1726
C III. M

III-3
Giovanni Bilivert
Joseph und die Frau des Potiphar
Leinwand, Inv. 1890
Nr. 1585
signiert und datiert 1619
dok. 1779
C. M (1619)

III-4
Francesco Furini
Malerei und Dichtung
Leinwand, Inv. 1890
Nr. 6466
signiert und datiert 1626
dok. im Palazzo Pitti 1973

II

IV

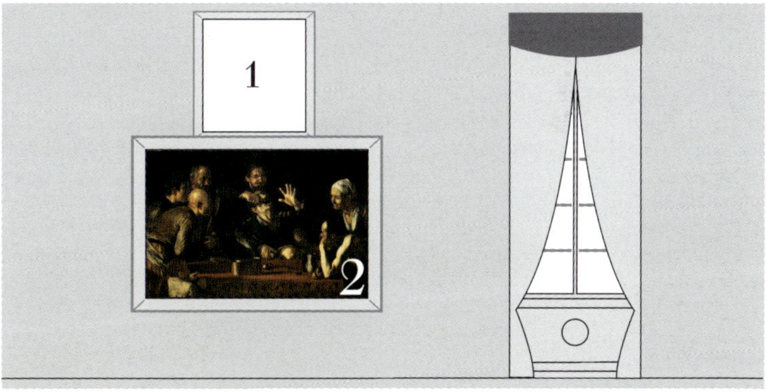

III-5
Cristofano Allori
Der Hl. Franziskus im Gebet
Kupfer, Inv. 1912 Nr. 290
dok. im Palazzo Pitti 1716-1723
C. M (1666); GPF. M

III-6
Orazio Samacchini
Die mystische Hochzeit der Hl. Katharina von Alexandrien
Tafel, Inv. 1912 Nr. 240
1560-1565
dok. im Palazzo Pitti 1828

III-7
nach Hans von Aachen
Die Hl. Familie
Leinwand, Inv. 1912 Nr. 284

III-8
Carlo Dolci
Der Hl. Simon
Leinwand, Inv. 1890 Nr. 1557
vor 1664
dok. 1777; dok. im Palazzo Pitti 1828

Wand IV

IV-1
Giovanni Bilivert
Die Hl. Familie mit dem Johannesknaben
Tafel, Inv. 1890 Nr. 2177
signiert und datiert 1635
dok. 1784
C. M (1635)

IV-2
Caravaggio (?)
Der Zahnzieher
Leinwand, Inv. 1890 Nr. 5682
dok. im Palazzo Pitti 1638

In einer kontrastierenden Hell-Dunkel-Ausführung mit äußerst überzeugendem und lebendigem Naturalismus ist hier das Herausziehen eines Zahnes in Anwesenheit einiger Menschen aus dem Volk dargestellt. Das Werk befindet sich seit 1638 im Palazzo Pitti und wurde – wie von Francesco Scannelli 1657 überliefert – Caravaggio zugeschrieben, wobei diese Zuschreibung jedoch sehr umstritten ist. Die Mehrheit der Kritiker, die das Werk Caravaggio zuschreibt, ordnet das Bild in das Spätwerk des Künstlers ein; dass heißt in das erste Jahrzehnt des 17. Jh.s oder in die maltesisch-sizilianische Phase oder aber in die zweite neapolitanische Phase.

Saal der Psyche (Sala di Psiche)

Dieser Saal war im 17. Jh. das „Winter-Zimmer" und Teil der Wohngemächer, die auch von Kardinal Giovan Carlo de' Medici bewohnt wurden. Er gehört zum Gebäudeflügel, der heute „Volterrano-Bereich" genannt wird und Anfang des 19. Jh.s auf Wunsch der Bourbonen und dann der Lothringer grundlegend umgestaltet wurde. Auf dem Gewölbe befindet sich die Darstellung *Amor führt Psyche zum Olymp*, die von Giuseppe Collignon nach 1815 ausgeführt wurde, als die Lothringer zurückkehrten. Der Saal beherbergt die größte Anzahl von Werken des neapoletanischen Künstlers Salvator Rosa, der sich zwischen 1640 und 1649 in Florenz aufhielt und im Dienste der Medici tätig war.

Wand I

I-1
Salvator Rosa
Philosoph in einem Waldstück sitzend (Diogenes ?)
Feder, braune Tinte und Aufhellungen auf Tafel
Inv. GDSU Nr. 19151
um 1646-1647
GPF. M (1713)

I-2, I-3
Salvator Rosa
Landschaft mit zwei Männern
Landschaft mit sitzendem Mann
Feder, braune Tinte und Aufhellungen auf Tafel
Inv. GDSU Nr. 19149 und Nr. 19150
um 1646 -1647
GPF. M (1713)

I-4
Salvator Rosa
Philosophenwald

I-

Leinwand, Inv. 1912
Nr. 470
signiert
dok. 1677
F III. AL (1818)

Das Gemälde ist auf einem Stein unten links mit „Rosa" signiert und in die Jahre 1641-1642 datiert. Aufgrund des unbestreitbaren Einflusses von Claude Lorrain, muss es am Anfang der florentinischen Phase des Künstlers entstanden sein. Dargestellt ist der Philosoph Diogenes, der eine Schale wegwirft, als er einen Jüngling mit der Hand aus der Quelle trinken sieht. Das Werk wurde für die Familie Gerini aus Florenz ausgeführt, von der es 1818 der Großherzog Ferdinando III. von Habsburg-Lothringen für die Galleria Palatina erwarb.

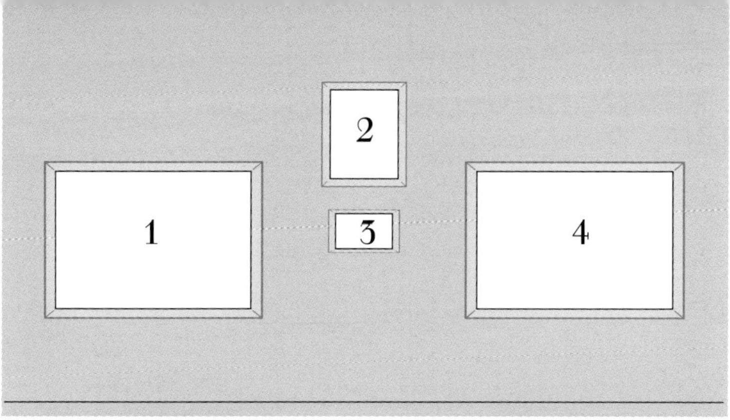

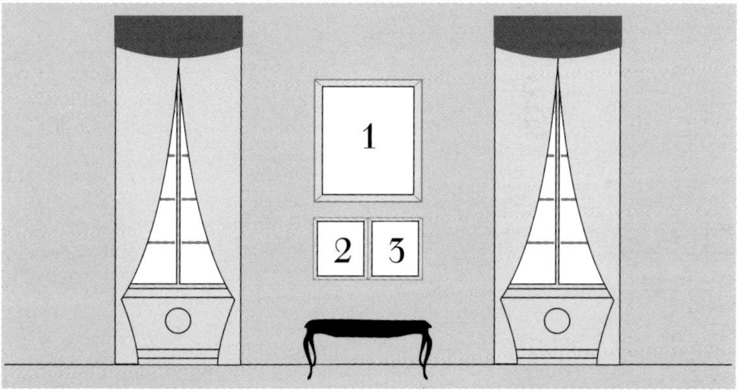

Wand II

II-1
Salvator Rosa
Landschaft mit Brücke
Leinwand, Inv. 1912
Nr. 306
um 1645
F III. AL (1820)

II-2
Salvator Rosa
Landschaft mit Felsbogen und Wasserfall
Leinwand, Inv. 1890
Nr. 1319
um 1640-1642
mit Siegel: SR
dok. im Palazzo Pitti 1828
L. M (1675)

II-3
Salvator Rosa
Küstenlandschaft mit Festungen und Felsbogen
Leinwand, Inv. 1890
Nr. 1325
um 1640-1649
F III. AL (1820)

II-4
Salvator Rosa
Küstenlandschaft mit Schiffen und Turmruine
Leinwand, Inv. 1912
Nr. 306 und Nr. 312
um 1645
F III. AL (1820)

Wand III

III-1
Salvator Rosa
Empedokles springt in den Ätna
Feder, braune Tinte und Aufhellungen auf Tafel
Inv. GDSU Nr. 19152
um 1646-1647
GPF. M (1713)

III-2, III-3
Salvator Rosa
Landschaft mit Baum und sitzender Figur
Landschaft mit Baum und stehender Figur
Feder, braune Tinte und Aufhellungen auf Tafel
Inv. GDSU Nr. 19173 und Nr. 19174
um 1648-1649
GPF. M (1713)

Wand IV

IV-1
Salvator Rosa
Schlacht
Leinwand, Inv. 1912 Nr. 133
signiert
F II. M

Das Werk ist auf dem Schild unten links mit dem Anagramm „SARO“ signiert, wo der Maler sich selbst als Jüngling portraitierte. Es müsste das erste in der Toskana ausgeführte Werk des Künstlers sein, das dieser zwischen 1640 und 1641 wohl im Auftrag des Großherzogs Ferdinando II. schuf, der den Künstler unter seine Protektion stellte. Dargestellt ist vermutlich eine erfundene Schlacht; es handelt sich damit um eine Gattung, auf die unter anderen Borgognone spezialisiert war und die im 17. und 18. Jh. große Beliebtheit bei den Kunstsammlern genoss.

IV

Musiksaal (Sala della Musica)

Dieser Saal entstand Anfang des 19. Jh.s aus zwei zusammengelegten Räumen, die im 17. Jh. als Ruhezimmer der Großherzogin und als Vorzimmer im Übergangsbereich zwischen ihren Gemächern und denen des Großherzogs dienten. 1813, in napoleonischer Zeit, plante man den Raum in den „ersten Salon des Kaisers“ umzuwandeln und mit Fresken auszuschmücken; die den *Genius Frankreichs* und *Die napoleonischen Schlachten* zeigen. Nach der Rückkehr der Lothringer 1814 wurde der Raum, der noch nicht fertig gestellt war, stattdessen von Luigi Ademollo mit dem *Ruhm der Habsburger* ausgestaltet. Er sollte der musikalischen Unterhaltung dienen, worauf die Wandleuchter in Form von Hörnern und die Schemel und Anrichten in Form einer Trommel anspielen. Mit der Einigung Italiens 1860 und dem Eintreffen des Savoyer wurde die Raumaausschmückung abgeändert; unter Hinzufügung der italienischen Flagge und der Umwandlung von Österreich in Italien, mit blauem Mantel und der savoyischen Krone. In dem monochromen Fries ist jedoch die *Befreiung Wiens von der Türkenbelagerung 1683* erhalten geblieben.
In der Saal-Mitte fällt der *Tisch* aus vergoldeter Bronze von Pierre-Philippe Thomire ins Auge, mit Ziselierungen und Malachit versehen, wurde dieser in Paris (1819) für den Grafen Nicola Demidoff, dem Botschafter Russlands und der Toskana ausgeführt, der den Tisch 1829 an den Großherzog Leopoldo II. von Lothringen verschenkte. Außerdem sieht man *vier Marmorbüsten* von römischen Kaisern. Es handelt sich hierbei um Kopien von antiken Originalen, die vermutlich vom Bildhauer Francesco Carradori stammen, und nicht von Giuseppe Piamontini, wie auch vermutet wurde. Die Sockel der Büsten wurden eigens für diesen Saal 1821 angefertigt.

Borgognone
Die Schlacht von Lützen
Die Schlacht von Nördlingen
Leinwand, Inv. OdA 1911 Nr. 451 und Nr. 452
M. M (1656)
Die beiden Gemälde befinden sich gemeinsam mit zwei weiteren heute im Vasarikorridor in den Uffizien (*Die Schlacht von Mongiovino* und *Die Einnahme von Radicofani*) und stellen die Schlachten des dreißigjährigen Krieges dar, an dem der Fürst Mattias de' Medici zwischen 1632 und 1639 teilnahm. Dieser ließ die Bilder 1656 für seinen Landsitz, die Villa in Lappeggi, ausführen.

Poccetti-Galerie (Galleria del Poccetti)

Im 17. Jh. verband dieser Gebäudeteil als „Galerie-Loggia" die privaten Gemächer des Herzogs mit denen der Herzogin. Das Tonnengewölbe und die Wandsockel sind mit Stuck und Malereien ausgestaltet. Die Ausgestaltung wurde 1620, zu Zeiten Cosimos II. begonnen und fünf Jahre darauf, unter den Regentinnen Christina von Lothringen und Maria Magdalena von Österreich fertig gestellt. Üblicherweise Poccetti zugeschrieben, ist die Ausführung eigentlich den Entwürfen seines Schülers Michelangelo Cinganelli zu verdanken, anhand derer Filippo Tarchiani, Matteo Rosselli und Ottavio Vannini die Malereien ausführten. Im Gewölbe sind die Personifikationen von *Glaube*, *Gerechtigkeit* und *Tapferkeit* und in den Lünetten Allegorien von *Florenz* und *Siena* dargestellt. Die Loggia wurde 1813 geschlossen, um später zum heutigen Saal der Galleria Palatina zu werden. Im Saal befindet sich außerdem ein Pietra-Dura-Tisch aus Ebenholz mit Verzierungen aus vergoldeter Bronze, der in den herzoglichen Werkstätten 1716 nach Zeichnungen von Giovan Battista Foggini (Inv. Mobili Artistici Nr. 1506) ausgeführt wurde. Zudem sieht man eine *Büste des Cosimo II. de' Medici* von Mattias Ferrucci, die 1621 aus Porphyr gemeißelt wurde (Inv. OdA 1911, Nr. 1814), deren Ähnlichkeit mit dem Herzog jedoch von seiner Gemahlin Maria Magdalena von Österreich in Frage gestellt wurde.

Wand I

I-1
Andrea Pozzo
Bildnis des Jesuitenvaters Giovan Pietro Pinamonti
Leinwand, Inv. 1912 Nr. 496
um 1703-1704
dok. 1704; dok. im Palazzo Pitti 1828

I-2
Domenico Fetti (?)
Die Hl. Juliana
Leinwand, Inv. 1890 Nr. 9262

I-3
Rosso Fiorentino
Bildnis eines Mannes
Tafel, Inv. 1912 Nr. 249
um 1520-1522
dok. im Palazzo Pitti 1815

I-4
Bartolomeo Cavarozzi
Der Hl. Hieronymus in seinem Studierzimmer
Leinwand, Inv. 1912 Nr. 417
um 1617
dok. im Palazzo Pitti 1638
C II. M.

I-5
Scipione Pulzone-Werkstatt
Bildnis des Kardinal Ferdinando de' Medici
Tafel, Inv. 1912 Nr. 492
um 1603-1608
L. M (1675)

I-6
Federico Barocci
Bildnis des Monsignore Francesco Prospero Urbani
Leinwand, Inv. 1912 Nr. 407
vor 1582-1584
dok. 1624; dok. im Palazzo Pitti seit Ende des 17. Jh.s
V. DR (1631)

I-7
nach Peter Paul Rubens
Kopie des *Bildnisses des Herzogs von Buckingham George Villiers*
Tafel, Inv. 1912 Nr. 324
L. M. (1675)

Wand II

II-1
Lorenzo Lippi
Die drei jungen Männer werden zum Feuerofen geführt
Leinwand, Inv. 1890
Nr. 3560
um 1635
dok. seit 1911

II-2
Gaspard Dughet
Flusslandschaft
Leinwand, Inv. 1912
Nr. 416
L II. AL

Dieses Gemälde befand sich, gemeinsam mit drei weiteren (II-3, II-9, II-10) im Besitz des Künstlers Fedele Acciai. Leopoldo II. von Habsburg-Lothringen ließ es zwischen 1824 und 1834 ankaufen, womit es im Palazzo Pitti dokumentarisch aufgeführt wurde. Die Gemälde gehören in die späte Schaffensphase des Künstlers, der sich im Verlaufe des 17. Jh.s in Rom aufhielt. Auf dem Bild *Landschaft mit Ruinen* (II-10) befindet sich die 1667 von Bernini vollendete Kolonnade von Sankt Peter im Vatikan, womit das Werk nach diesem Datum entstanden sein muss.

II-3
Gaspard Dughet
Landschaft mit tanzendem Faun
Leinwand, Inv. 1912
Nr. 421
dok. im Palazzo Pitti 1834
L II. AL

II-2

II-4
Francesco Furini
Hylas und die Nymphen
Leinwand, Inv. 1890
Nr. 3562

Das eher seltene Sujet ist der Wahl des Auftraggebers Agnolo Galli zu verdanken, der das Gemälde zwischen 1630 und 1633 von Furini ausführen ließ. Das Bild ist ein Meisterwerk im frühen Schaffen des Künstlers und zeichnet sich durch die starken Helligkeits-Kontraste aus. Dargestellt ist die Entführung des Hylas, einem der Argonauten, durch die Quellnymphen, die sich in ihn verliebt hatten und ihn später töteten.

II-5
Domenico
Fetti-Werkstatt
Das Gleichnis vom unehrlichen Verwalter
Tafel, Inv. 1912 Nr. 26
erste Jahrzehnte des 17. Jh.s
L. M (1673)

II-6
Jacob Pynas
Die Predigt des Hl. Johannes
Leinwand, Inv. 1912
Nr. 431
um 1603-1608
dok. im Palazzo Pitti seit 1675
L. M (1675)

II-7
Domenico
Fetti-Werkstatt
Das Gleichnis von der verlorenen Drachme
erste Jahrzehnte des 17. Jh.s
Tafel, Inv. 1912 Nr. 30
L. M (1673)

II-8
Jusepe de Ribera
Das Martyrium des Hl. Bartholomäus
Leinwand, Inv. 1912 Nr. 19

Das Gemälde ist in das Jahrzehnt 1620-1630 datierbar und stellt die Häutung des Heiligen dar, die der armenische König Astyages befohlen hatte, weil Bartholomäus die Anbetung des heidnischen Gottes Baldach verweigerte. Von diesem Sujet existieren zahlreiche Repliken vom spanischen Künstler und Kopien anderer, die dessen Erfolg bezeugen. Das Thema erlaubt dem Künstler sich auf den Realismus der Umsetzung anatomischer Details zu konzentrieren; wie die schlaffe Haut und die verhornten Hände des Alten. Die dramatische Lichtführung erinnert an die Werke Caravaggios in seiner Zeit in Neapel.

II-9
Gaspard Dughet
Landschaft mit Hirten und Herde
Leinwand, Inv. 1912 Nr. 441
dok. im Palazzo Pitti 1834
L II. AL

II-10
Gaspard Dughet
Landschaft mit Ruinen
Leinwand, Inv. 1912
Nr. 436
dok. im Palazzo Pitti 1834
L II. AL

II-

Wand III

III-1
Niccolò Cassana
Bildnis eines Mannes
Leinwand, Inv. 1912
Nr. 481
GPF. M (1713)

III-2
Peter Lely-Werkstatt
Bildnis des Oliver Cromwell
Leinwand, Inv. 1912
Nr. 408

III-3
nach Peter Paul Rubens
Bildnis einer Frau
Leinwand, Inv. 1890
Nr. 761
L. M (1675)

III-4
Andrea Schiavone
Die Anbetung der Hirten
Leinwand, Inv. 1890
Nr. 905
dok. im Palazzo Pitti 1723
L. M. (1675)

III-5
Justus Sustermans
Bildnis des Generals Grifoni (?)
Leinwand Inv. 1912
Nr. 485
um 1650
dok. im Palazzo Pitti
1702-1710

III-6
Niccolò Cassana
Bildnis eines Künstlers
Leinwand, Inv. 1912
Nr. 188
Ende 17. Jh. - Anfang 18. Jh.
GPF. M (1713)

III-7
Jan van Scorel
Die Stigmatisierung des Hl. Franziskus von Assisi
Tafel, Inv. 1912 Nr. 482
um 1520

II-8

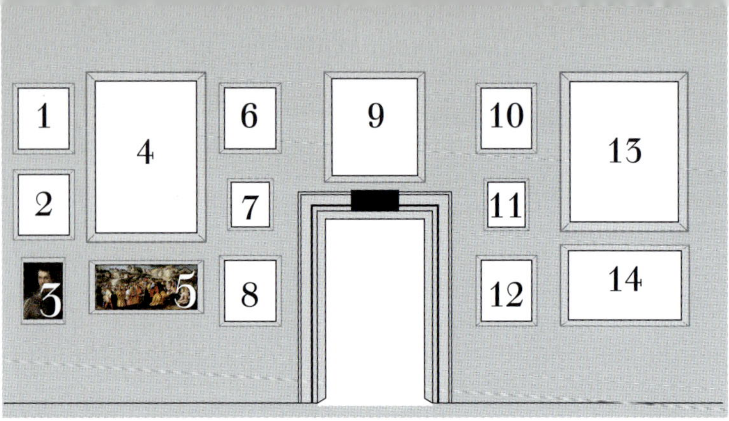

Prometheus-Saal (Sala di Prometeo)

Obwohl dieser Saal zu Zeiten der Medici Teil der privaten Wohngemächer des Herzogs war, diente er als Versammlungssaal des Rates der Herzogswürde. Als Teil der neuen privaten Wohngemächer wurde das Saal-Gewölbe zwischen 1809 und 1814 vom Sieneser Maler Giuseppe Collignon im neoklassizistischen Stil ausgestaltet. Zu sehen ist *Prometheus stiehlt das Feuer vom Sonnenwagen* und die monochromen Szenen desselben Prometheus, verbunden mit den *Jahreszeiten* in den Ecken.
Mit der Gründung der neuen Galleria Palatina wurden hier die ältesten Gemälde der Sammlung, die bis ins 15. Jh. zurückgehen, untergebracht. Hervorzuheben sind die zwölf „Tondi“ (Rundbilder), die in quadratische, neoklassizistische Rahmen gefasst sind.

Wand I

I-1
Emilianische Schule (?), 16. Jh.
Allegorische Szene
Tafel, Inv. 1890 Nr. 5064
dok. 1589

I-2
Florentinische Schule, 16. Jh.
Bildnis einer Frau
Tafel, Inv. 1912 Nr. 351
um 1520
dok. im Palazzo Pitti 1828

I-3
Francesco Salviati
Bildnis des Giovanni dalle Bande Nere
Tafel, Inv. 890 Nr. 5195
Cl. M

Vasari beschreibt (1568) das Portrait in der Vita von Salviati folgendermaßen: „ein Kopf, dass heißt ein Portrait des Signor Giovanni de' Medici, Vater des Herzogs Cosimo, der besonders schön war“. Das Gemälde galt als verschollen, wurde aber 2009 in den Depots wiedergefunden. Es wurde restauriert und kann heute ohne Zweifel zu den bedeutendesten in der Galleria Palatina befindlichen Werken aus dem 16. Jh. gezählt werden.
Es handelt sich um ein postumes Portrait des 1526 verstorbenen Heerführers. Das Bild muss in den letzten Jahren des Aufenthaltes Salviatis in Florenz zwischen 1546 und 1548 geschaffen worden sein.

I-4
Andrea del Minga und Baccio Bandinelli
Vertreibung von Adam und Eva aus dem Paradies
Tafel, Inv. 1912 Nr. 378
um 1560
dok. im Palazzo Pitti 1560-1567

I-5
Pontormo
Die Anbetung der Könige
Tafel, Inv. 1912 Nr. 379
Fl. M

Das Gemälde zierte einen hölzernen Cassone (Truhe) in einem der Vorzimmer im florentinischen Wohnhaus der Benintendi. Zur Ausschmückung des Cassone gehörten vier weitere Gemälde derselben Maße: *Der Hl. Johannes der Täufer* von Andrea del Sarto, der im Jupiter-Saal ausgestellt ist (siehe entsprechender Text I-7), *Die Taufe Christi* (heute in Berlin befindlich), *Die Legende des Königs* von Bachiacca und *Batseba* von Franciabigio (beide in Dresden befindlich). Letzteres weist die Datierung

1523 auf, die wohl auch für die anderen Werke angenommen werden kann.

I-6
Michele di Ridolfo del Ghirlandaio (?)
Bildnis einer Frau
Tafel, Inv. Poggio a Caiano Nr. 18
dok. 1845

I-7
Biagio Pupini
Madonna mit Kind und Johannesknaben
Tafel, Inv. 1912 Nr. 299

I-8
Jusepe de Ribera
Der Hl. Franziskus in Ekstase
Leinwand, Inv. 1912 Nr. 73
signiert und datiert 1643
M. M (1659)

I-9
Girolamo Siciolante da Sermoneta (?)
Die Hl. Familie mit dem Johannesknaben
Tafel, Inv. 1912 Nr. 57
dok. 1588; dok. im Palazzo Pitti 1697
FI. M (1588)

I-10
Bronzino-Werkstatt
Bildnis des Cosimo I. de' Medici
Tafel, Inv. 1912 Nr. 403
dok. im Palazzo Pitti 1859

I-3

I-11
Ridolfo del Ghirlandaio
Madonna mit Kind
Tafel, Inv. 1912 Nr. 363
1510-1513
dok. 1704; dok. im Palazzo Pitti 1809

I-12
Francesco Salviati (?)
Bildnis eines Mannes
Tafel, Inv. 1912 Nr. 361
um 1550

I-13
Andrea del Minga und Baccio Bandinelli
Die Erschaffung Evas
Tafel, Inv. 1912 Nr. 367
um 1560
dok. im Palazzo Pitti 1560-1567

I-14
Giacinto Gimignani
Rebekka am Brunnen
Tafel, Inv. 1912 Nr. 368
V. DR (1691)

I-5

Wand II

II-1
Meister der Scandicci-Beweinung
Madonna mit Kind und Johannesknaben
Tafel, Inv. 1912 Nr. 199
um 1509-1512

II-2
Mariotto Albertinelli
Anbetung des Jesuskindes
Tafel, Inv. 1912 Nr. 365
um 1498
dok. im Palazzo Pitti 1761

II-3
Bachiacca
Die Hl. Maria Magdalena
Tafel, Inv. 1912 Nr. 102
um 1530
dok. 1716-1723

II-4
Santi di Tito
Bildnis des Don Giovanni de' Medici
Tafel, Inv. 1912 Nr. 287
um 1590
mit Siegel: ... Santi di Tito F.
dok. im Palazzo Pitti 1782

II-5
Friaulischer Freund von Dosso
Bildnis eines Mannes
Tafel, Inv. 1912 Nr. 382

II-6
nach Bartolomeo Schedoni
Madonna mit Kind
Tafel, Inv. 1912 Nr. 360
dok. im Palazzo Palazzo Pitti Ende des 17. Jh.s

II-7
Pontormo
Die zehntausend Märtyrer
Tafel, Inv. 1912 Nr. 182
dok. 1638
Das Werk wurde zwischen 1529 und 1530 während der Belagerungszeit der Republik Florenz für die Frauen des „Ospedale degli Innocenti“ ausgeführt. Dargestellt ist entweder das Martyrium des Hl. Akazius und seinen auf dem Berg Ararat gekreuzigten Männern oder das Martyrium des Hl. Mauritius und der Thebanischen Legion. Das Bild ist reich an nackten Figuren und in verschiedene Episoden unterteilt; womit auf die Florentiner angespielt werden sollte, die bereit waren sich im Kampf um ihre Freiheit zu opfern, so wie die zehntausend Märtyrer den Tod bevorzugt hatten, um ihrem Glauben nicht abschwören zu müssen.

II-8
Meister des Tondo Borghese
Die Anbetung der Könige
Tafel, Inv. 1912 Nr. 358
dok. im Palazzo Pitti 1829

II-9
Domenico Beccafumi
Die Hl. Familie mit dem Johannesknaben
Tafel, Inv. 1912 Nr. 359
um 1530
dok. im Palazzo Pitti ab 1828
A. M (1588)

II-10
Piero di Cosimo
Bildnis einer Frau
Papier auf Tafel geklebt, Inv. 1890 Nr. 604
1500-1505
dok. im Palazzo Pitti 1928

II-11
Gerolamo Siciolante aus Sermoneta (?)
Die Personifikation der Geduld
Leinwand, Inv. 1912 Nr. 399
L. M (1675)

II-12
Cosimo Rosselli
Die Anbetung des Jesuskindes
Tafel, Inv. 1912 Nr. 354
um 1490
dok. im Palazzo Pitti 1791

II-13
Der Naumburger Meister (?)
Madonna mit Kind und Johannesknaben
Tafel, Inv. 1912 Nr. 349

II-7

II-14
Schule aus Ferrara, 16. Jh.
Madonna mit Kind zwischen dem Hl. Benedikt und dem Hl. Andreas
Tafel, Inv. 1912 Nr. 309

II-15
Fra' Bartolomeo
Ecce Homo
Fresko auf Ziegel, Inv. 1912 Nr. 377
C. M (1666)

II-16
Giovanni Battista Bertucci
Christus an der Geißelsäule
Tafel, Inv. 1912 Nr. 369
um 1500-1505

II-17
Sandro Botticelli
Bildnis eines Mannes
Tafel, Inv. 1912 Nr. 372
Ehemals Andrea del Castagno zugeschrieben hat diese

II-17

Darstellung eines Jünglings mit Kopfbedeckung offensichtlich sehr unter einer früheren Reinigung gelitten. Seit 1829 im Palazzo Palazzo Pitti dokumentarisch aufgeführt ist das Gemälde schließlich eindeutig von den Kritikern als Werk Botticellis anerkannt worden. Es muss um 1470 entstanden sein; der Zeit, aus der auch die folgenden Gemälde stammen: *Die Tugend der Tapferkeit* in den Uffizien, das *Bildnis der Smeralda Brandini* im Victoria and Albert Museum in London und das *Bildnis eines Jünglings* im Louvre.

II-

II-18
Sandro Botticelli
Bildnis einer Frau
(„La Bella Simonetta")
Tafel, Inv. 1912 Nr. 353

Das Portrait weist auf der Rückseite der Tafel Inventarnummern auf, die seine ehemalige Zugehörigkeit zur Medici-Sammlung dokumentieren. Die Zuschreibung als Werk Botticellis, die von einigen in Frage gestellt wurde, kann durch die Datierung um 1485 bekräftigt werden, welche auf die typischen Stilelemente des Künstlers zurückzuführen ist; die manierierte Anmut des Gesichtsausdrucks mit dem in Gedanken versunkenen Blick und die Überlängung des Halses.

II-

II-19
Sandro Botticelli-Werkstatt, 15. Jh.
Madonna mit Kind, dem Johannesknaben und den Erzengeln Michael und Gabriel
Tafel, Inv. 1912 Nr. 348

II-20
Luca Signorelli
Die Hl. Familie mit der Hl. Katherina von Alexandrien (?)
Tafel, Inv. 1912 Nr. 355
Die Herkunft und Sammlungsgeschichte des Tondo ist nicht dokumentiert. Es stammt jedoch aus dem Spätwerk des Künstlers und ist aufgrund seiner stilistischen Nähe zu den Altarbildern aus Volterra zwischen 1490 und 1492 datierbar. Seit 1828 in der Galleria Palatina dokumentarisch aufgenommen, sollte das Werk zunächst, wie alle anderen, einen quadratischen Rahmen erhalten. 1867 wurde dieser durch den heutigen, zeitgenössischen aus dem Kloster San Marco stammenden Rahmen ersetzt.

II-21
Franciabigio
Die Verleumdung des Apelles
Tafel, Inv. 1912 Nr. 427
um 1513
mit Siegel: FBC

Wand III

III-1
Pseudo Granacci
Madonna mit Kind, dem Johannesknaben und zwei Engeln
Tafel, Inv. 1912 n 342
dok. im Palazzo Pitti 1828

III-2
Cristofano Allori
Bildnis eines Mannes
Leinwand, Inv. 1912 Nr. 72
um 1600-1605

III-3
Jacopo de Boateri
Die Hl. Familie
Tafel, Inv. 1912 Nr. 362
signiert
dok. im Palazzo Pitti 1687

III-4
Valerio Marucelli
Maria Magdalena, von Engeln in den Himmel getragen
Alabaster, Inv. 1912 Nr. 346
1615
dok. 1637; dok. im Palazzo Pitti 1834

III-5
Guido Reni (?)
Bacchus als Kind
Leinwand, Inv. 1912 Nr. 47
dok. im Palazzo Pitti 1698
GPF. M (1713)

III-6
Filippo Lippi
Maria mit Kind
Tafel, Inv. 1912 Nr. 343
dok. im Palazzo Pitti 1761
Die Tafel kann mit dem Tondo gleichgesetzt werden, das dem Karmeliter-Mönch und Maler 1452 von Leonardo Bartolini in Auftrag gegeben wurde, als dieser gerade im Begriff war die größere Kapelle des Domes in Prato mit Fresken auszugestalten. Lippi stellt die Figuren mit großem Geschick und in kompositorischer Ausgewogenheit dar; im Vordergrund Maria und das Jesuskind und im Hintergrund Szenen aus dem Marienleben; die Begegnung der Eltern von Maria, Anna und Joachim und die Geburt der Jungfrau Maria.

III-7
Mirabello Cavalori
Bildnis eines Mannes
Tafel, Inv. 1912 Nr. 238

III-8
Francesco Granacci
Die Hl. Familie mit dem Johannesknaben
Tafel. Inv. 1912 Nr. 345
um 1520
dok. im Palazzo Pitti 1828

III-9
Amico Aspertini (?)
Die Anbetung der Könige
Tafel, Inv. 1912 Nr. 341
um 1497-1498
L. M (1675)

III-10
Francesco Botticini
Madonna mit Kind, umgeben vom Johannesknaben und zwei Engeln
Tafel, Inv. 1912 Nr. 347
um 1490
dok. im Palazzo Pitti 1828
L. M (1675)

III-11
Französische Schule, 16. Jh.
Bildnis einer Frau
Tafel, Inv. 1912 Nr. 260

III-12
Florentinische Schule, 17. Jh.
Bildnis einer Frau
Kupfer, Inv. 1912 Nr. 273

III-13
nach Andrea del Sarto
Kopie von Tobias und der Erzengel Raffael
Tafel, Inv. 1912 Nr. 292
dok. im Palazzo Pitti 1628

III-14
Venetische Schule, 16. Jh.
Bildnis eines Mannes (Antonio Carracci)
Tafel, Inv. 1912 Nr. 250
L. M

III-15
Andrea del Sarto
Maria mit Kind
Tafel, Inv. OdA 1911
Nr. 1154
um 1513-1514
dok. 1635
A. M. (1621)

Wand IV

IV-1
Sandro Botticelli und Werkstatt
Madonna mit Kind und Johannesknaben
Leinwand, Inv. 1912 Nr. 357

Die Idee zum Gemälde des Meisters zeichnet sich durch sein hohes Maß an Pathos und an geistiger Durchdringung aus. Es gehört zum Spätwerk des Künstlers, das von den Lehren Savonarolas beeinflusst war. Das Bild wurde um 1505 von der Werkstatt umgesetzt; und zwar in qualitativ wesentlich hochwertigerer Weise, als die ständig laufenden Werkstattproduktionen, die heute fälschlicherweise Botticelli zugeschrieben werden.

IV-2
Ridolfo del Ghirlandaio (?)
Der Hl. Petrus und der Hl. Paulus
Tafel, Inv. 1890 Nr. 6063
1503
dok. 1880

IV-3
Jacopo del Sellaio
Verehrung des Kindes mit dem Johannesknaben
Tafel, Inv. 1912 Nr. 364
um 1490
dok. im Palazzo Pitti 1828

IV-4
Baldassarre Peruzzi
Apollon und die Musen
Tafel, Inv. 1912 Nr. 167
dok. 1633; dok. im Palazzo Pitti 1706
FI. M (1588)

IV-1

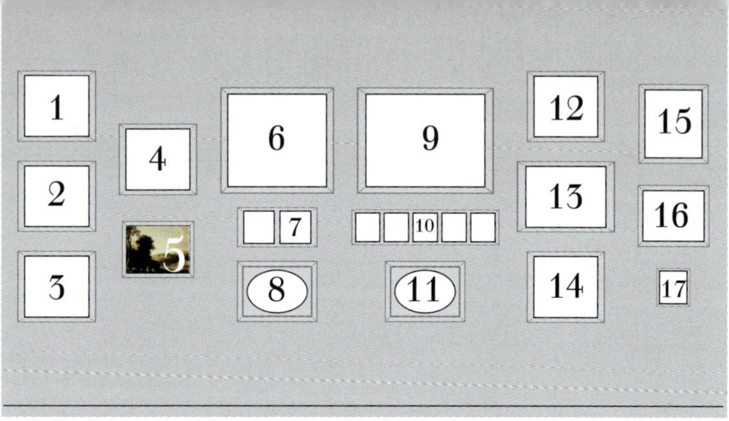

Säulen-Korridor (Corridoio delle Colonne)

Im 17. Jh. war dieser Bereich eine Terrasse, die über der Loggia verlief und die zwei Innenhöfe des Palazzo miteinander verband. Ende des 18. Jh.s zu Zeiten der Lothringer wurde diese überdacht, in den momentanen Korridor umgewandelt und mit zwei Alabaster-Säulen ausgestattet, die dem Korridor seinen Namen verliehen. Als Teil der Galleria Palatina wurde er zwischen 1828 und 1859 mit acht großen Tafeln mit Pietra-Dura-Intarsien, die *Freien Künste* und *Römische und toskanische Veduten* darstellend und einer Reihe von kleinen Portraits der Medici ausgestattet. Die heutige Ausstellung ist den kleinformatigen Werken der flämischen und holländischen Malerei gewidmet und wurde 1912 konzipiert.

Wand I von links

I-1
Hendrick Cornelisz Vroom
Küste mit einem Dreimaster und anderen Segelschiffen
Tafel, Inv. 1890 Nr. 1055
signiert und datiert 1631
dok. 1790
C III. M (1667-1669)?

I-2
Paul Bril
Landschaft mit Jägern und Flucht nach Ägypten
Leinwand, Inv. 1890 Nr. 1126
mit Siegel: PA BRILI
C. M (1666)

I-3
Holländische Schule, 17. Jh.
Landschaft mit Venus, Amor und Satyrn
Kupfer, Inv. 1912 Nr. 461
dok. im Palazzo Pitti 1834

I-4
Frans Francken II.
Allegorie des Genius
Tafel, Inv. 1890 Nr. 1061
um 1610-1615
signiert
dok. 1796

I-5
Cornelis van Poelenburgh
Landschaft mit Badenden
Kupfer, Inv. 1912 Nr. 460
C II. M
Dieses kleine Gemälde wurde um 1620 geschaffen und bezeugt, wie viele andere im Korridor ausgestellte Werke die Beliebtheit, die der holländische Künstler am Hof der Medici zu Zeiten des Großherzogs Cosimo II. genoss, der dem Künstler seine Protektion zusicherte. Der Künstler hielt sich für ein Jahrzehnt, von 1617 bis 1627 in Italien auf, wobei er sich vor dem Tod Cosimos II. 1621 für unbestimmte Zeit in Florenz niederließ. Neben dem Großherzog sammelte auch dessen Bruder, Kardinal Carlo die Werke des Künstlers.

I-6
Cornelis van Poelenburgh
Moses aus den Wassern gerettet
Inv. 1890 Nr. 1203
Kupfer, dok. im Palazzo Pitti 1638
C II. M (1638)

I-7
Cornelis van Poelenburgh
Landschaft mit Hirten und Ziegen
Landschaft mit Ruinen und Grotten
Kupfer, Inv. 1912 Nr. 317
dok. 1702
C. M (1666)

I-8
Cornelis van Poelenburgh
Landschaft mit Hirten und Tänzerin
Kupfer, Inv. 1912 Nr. 473
um 1620
dok. im Palazzo Pitti 1666
C. M; C III. M

I-9
Cornelis van Poelenburgh
Landschaft mit tanzenden Satyrn
Kupfer, Inv. 1890 Nr. 1221
dok. im Palazzo Pitti 1638
C II. M (1638)

I-10
Cornelis van Poelenburgh
Hl. Petrus
(Kupfer, Inv. 1890 Nr. 8267)
Hl. Paulus
(Kupfer, Inv. 1890 Nr. 8266)
Hl. Johannes der Evangelist
(Kupfer, Inv. 1890 Nr. 8265)
Hl. Laurentius
(Kupfer, Inv. 1890 Nr. 8264)
Hl. Thomas von Aquin (?)
(Kupfer, Inv. 1890 Nr. 1095)
um 1620
dok. im Palazzo Pitti 1704
C II. M

I-11
Cornelis van Poelenburgh
Landschaft mit Ruinen und Hirten
Tafel, Inv. 1890 Nr. 1198
dok. 1702

I-12
Willem van Aelst
Stilleben mit toten Vögeln
Leinwand, Inv. 1890 Nr. 1209
1652-1653
dok. im Palazzo Pitti 1928
GC. M; GPF. M

I-5

I-13
Cornelis van Poelenburgh
Flusslandschaft mit Ruine
Kupfer, Inv. 1890 Nr. 1195
um 1617-1627
L. M (1675)

I-14
Cornelis van Poelenburgh (?)
Landschaft mit Ruinen und Hirten
Kupfer, Inv. 1890 Nr. 1218
mit Siegel: Cornelio Satiro
dok. 1704; dok. im Palazzo Pitti 1928
C. M; F II. M

I-15
Cornelis van Poelenburgh
Anbetung der Hirten
Kupfer, Inv. 1890 Nr. 1224
nach 1627
mit Siegel: C P
dok. 1773

I-16
Cornelis van Poelenburgh-Anhänger
Landschaft mit Nymphen und Satyr
Leinwand, Inv. 1890 Nr. 1307
dok. im Palazzo Pitti 1800

I-17
Jan de Momper (?)
Landschaft mit Felsbogen
Kupfer, Inv. 1890 Nr. 1175
dok. im Palazzo Pitti 1832

I-18
Cornelis van Poelenburgh
Moses lässt Wasser aus dem Felsen fließen
Kupfer, Inv. 1890 Nr. 1220
dok. im Palazzo Pitti 1638
C II. M (1638)

I-

I-19
Cornelis van Poelenburgh
Abraham und Isaak
(Kupfer, Inv. 1890 Nr. 8263)
Tobias und der Erzengel Raffael
(Kupfer, Inv. 1890 Nr. 8262)
Hl. Anna mit der Jungfrau Maria
(Kupfer, Inv. 1890 Nr. 8261)
Hl. Joseph und Jesuskind
(Kupfer, Inv. 1890 Nr. 8260)
Hl. Johannes der Täufer
(Kupfer, Inv. 1890 Nr. 1093)
um 1620
dok. im Palazzo Pitti 1704
C II. M

I-20
Cornelis van Poelenburgh
Landschaft mit Bach und Wanderern
Tafel, Inv. 1890 Nr. 1217
dok. 1702

I-21
Michelangelo Cerquozzi
Landschaft mit zwei Figuren
Kupfer, Inv. 1890 Nr. 1283
dok. im Palazzo Pitti 1687
L. M (1675)

I-22
Cornelis van Poelenburgh
Landschaft mit Ruinen und Wanderern
Kupfer, Inv. 1890 Nr. 1176
L. M (1675)

I-23
Cornelis van Poelenburgh (?)
Landschaft mit Ruinen
Kupfer, Inv. 1890 Nr. 1197
mit Siegel: Cornelio Satiro
dok. 1704; dok. im Palazzo Pitti 1928
C. M; F II. M

I-24
Cornelis van Poelenburgh
Landschaft mit Tanzenden und Ruinen
Kupfer, Inv. 1890 Nr. 1200
dok. im Palazzo Pitti 1638
C II. M (1638)

I-25
Cornelis van Poelenburgh
Landschaft mit einer Frau, der ein Engel erscheint
Kupfer, Inv. 1890 Nr. 1094
um 1620
dok. im Palazzo Pitti 1702

I-26
Cornelis van Poelenburgh
Römische Grottenlandschaft
Kupfer, Inv. 1890 Nr. 1194
dok. 1702

I-27
Cornelis van Poelenburgh
Landschaft mit Triumphbogen und Hirten
Kupfer, Inv. 1912 Nr. 479
um 1620
dok. im Palazzo Pitti 1666
C. M; C III. M

I-28
Frans Francken II.
Der Triumphzug von Neptun und Amphitrite
Tafel, Inv. 1890 Nr. 1068
um 1610
signiert

I-29
Jan Frans van Douven
Bildnis der Anna Maria Luisa de' Medici
Leinwand, Inv. 1912
Nr. 471

Das kleinformatige Bild wurde, wie die anderen der hier ausgestellten Reihe, in der Zeit ab 1691 ausgeführt, als sich Anna Maria Luisa in Düsseldorf befand. Sie war Gemahlin des Kurfürsten von der Pfalz Johann Wilhelm von der Pfalz, der 1716 verstarb. Der Künstler war für lange Zeit im Dienste des letztgenannten und portraitierte diesen mit Gemahlin (I-32) im Kostüm, während sie tanzen (Inv. OdA 1911 Nr. 768) oder auf dem Pferd (Inv. 1890 Nr. 993).

I-30
Jan Frans van Douven
Bildnis der Anna Maria Luisa de' Medici
Leinwand, Inv. 1912
Nr. 477
1699
signiert und datiert 1699
dok. im Palazzo Pitti 1835-1836
AML. M

I-31
Jan Frans van Douven
Bildnis der Anna Maria Luisa de' Medici
Leinwand, Inv. 1912
Nr. 472 (1890 Nr. 9157)
um 1695-1705
dok. im Palazzo Pitti 1713
AML. M

I-32
Jan Frans van Douven
Bildnis der Kurfürsten im Kostüm
Leinwand, Inv. 1912
Nr. 478
um 1695-1705
signiert
dok. im Palazzo Pitti 1713
AML. M

Wand II von rechts

II-1
David Ryckaert III.
Die Versuchung des Hl. Antonius
Leinwand, Inv. 1890
Nr. 1091
nach 1650
dok. 1753

II-2
Filippo Napoletano
Die Mühle
Kupfer, Inv. 1890 Nr. 1214
mit Siegel: Filippo Napoletano
um 1621
C. M. (1666); GPF. M

II-3
Jan Asselijn
Gebirgslandschaft mit Wasserfall und Hirten
Leinwand, Inv. 1890
Nr. 1045
mit Siegel: JA
dok. im Palazzo Pitti 1715
C III. M

II-4
David Ryckaert III.
Die Versuchung des Hl. Antonius
Tafel, Inv. 1890 Nr. 1144
nach 1650
dok. im Palazzo Pitti Ende des 17. Jh.s - Anfang des 18. Jh.s

II-5
David Teniers der Jüngere (?)
Der Alchimist
Leinwand, Inv. 1890
Nr. 1067
dok. im Palazzo Pitti 1778

II-6
Paul Bril
Seehafen mit Einschiffungen am Ankerplatz
Leinwand, Inv. 1890
Nr. 1133
mit Siegel: PA. BRILII
C. M (1666)

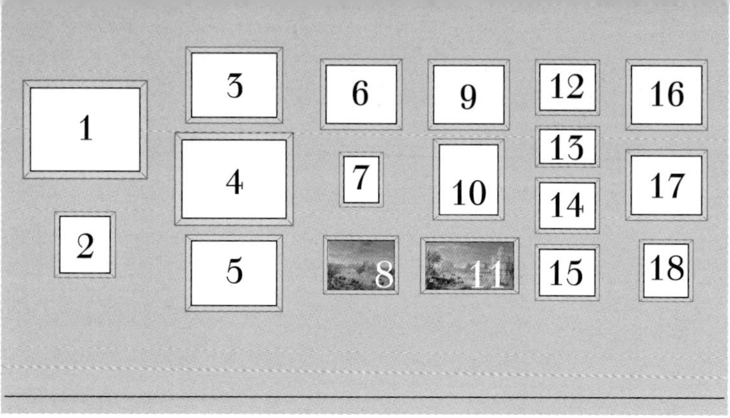

II-7
Flämische Schule,
16.-17. Jh.
Ruinenlandschaft
Kupfer, Inv. 1890 Nr. 1274
dok. 1863

II-8
Caspar van Wittel
Ansicht von Rom mit dem Tiber
Pergament, Inv. 1890
Nr. 1247
signiert und datiert 1685

Diese Vedute zeigt eine Bucht des Tibers und ist so lichtdurchflutet, dass jedes winzige Detail des Hafens zur Holzverladung zu erkennen ist. Rechts wird die gegenüberliegende Uferseite vom Castel Sant'Angelo, dem Komplex des Petersdoms und den Vatikangebäuden beherrscht. Das hier thematisierte Werk bildet ein Pendant zu der Vedute II-28. Man vermutet, dass diese beiden 1685 signierten Werke während des ersten Aufenthaltes des Künstlers in Florenz im Jahr 1690 von Vittoria della Rovere erworben wurden.

II-9
Eglon Hendrik
van der Neer
Landschaft mit Hirten
Tafel, Inv. 1890 Nr. 1213
1696-1697
dok. 1715
GPF. M (1713)

II-10
Christoph Ludwig
Agricola
Landschaft mit Hirten und Herden
Kupfer, Inv. 1890 Nr. 1137
GPF. M (1713)

II-11
Caspar van Wittel
Ansicht vom Tiber und der Kirche San Giovanni dei Fiorentini
Pergament, Inv. 1890
Nr. 4354
1685

Im Bild ragt rechts die Kirche San Giovanni dei Fiorentini empor und im Hintergrund sieht man die Brücke und das Castel Sant'Angelo. Das Gemälde bildet ein Pendant zum Werk II-25. Die beiden 1685 datierten Gemälde gelangten vermutlich 1694, während des zweiten Florenz-Aufenthaltes des Künstlers in die Stadt.

II-12
Jan Frans
van Bredael (?)
Landschaft mit Bauern, die vom Markt zurückkehren
Tafel, Inv. OdA 1911 Nr. 72
mit Siegel: Johann Frans
Bredael

II-13
Jan de Momper (?)
Flusslandschaft
Leinwand, Inv. 1890
Nr. 6205
mit Siegel: Momper
dok. 1773
GPF. M

II-14
Jan van Kessel und
Erasmus II. Quellinus
Allegorie des Sehens
Kupfer, Inv. 1890 Nr. 1216
signiert und datiert 1664
dok. im Palazzo Pitti 1828
C III. M (1667)

II-15
Paul Bril
Landschaft mit Hasenjagd
Kupfer, Inv. 1890 Nr. 1136
um 1595
signiert
dok. 1772

II-16
Adriaen Frans
Baudewijns und
Pieter Bout
Flusslandschaft mit Kirche
Leinwand, Inv. 1890
Nr. 1227
mit Siegel: Both e
Baudouin
dok. 1796

Säulen-Korridor

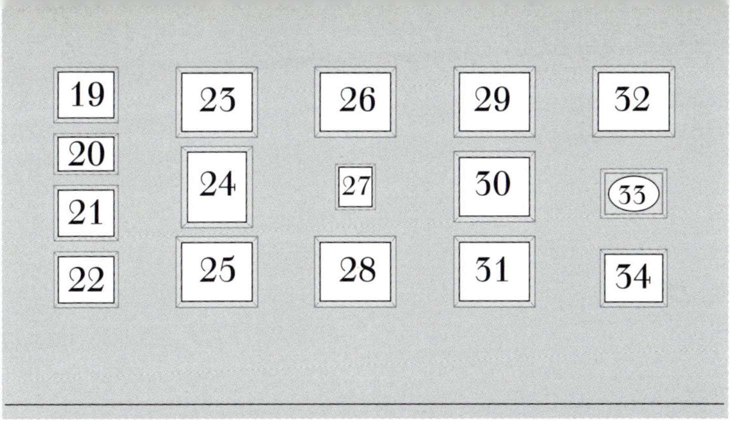

II-8

II-11

II-17
Jan Brueghel der Ältere
Orpheus in der Unterwelt
Kupfer, Inv. 1890 Nr. 1298
signiert und datiert 1594
dok. 1704

II-18
Frans Francken II.
Die Kreuzigung Christi
Kupfer, Inv. 1890 Nr. 1121
dok. im Palazzo Pitti 1666

II-19
Jan Frans van Bredael (?)
Flusslandschaft mit Bauern
Tafel, Inv. OdA 1911 Nr. 73

II-20
Jan de Momper (?)
Landschaft mit Herden
Leinwand, Inv. 1890 Nr. 1054
dok. 1881

II-21
Jan van Kessel und Erasmus II Quellin
Allegorie des Geschmacks
Kupfer, Inv. 1890 Nr. 1199
dok. im Palazzo Pitti 1828
C III. M (1667)

II-22
Paul Bril
Landschaft mit Hirschjagd
Kupfer, Inv. 1890 Nr. 1129
signiert und datiert 1595
dok. 1772
C II. M (1635)

II-23
Eglon Hendrik van der Neer
Landschaft mit Waschfrauen
Tafel, Inv. 1890 Nr. 1205
dok. 1715
GPF. M (1713)

II-24
Christoph Ludwig Agricola
Landschaft mit Regenbogen
Kupfer, Inv. 1890 Nr. 1130
GPF. M (1713)

II-25
Caspar van Wittel
Ansicht vom Campo Marzio (Marsfeld) von den Prati di Castello aus betrachtet
Pergament, Inv. 1890 Nr. 4355
1685

II-26
Lodewijk de Vadder (?)
Landschaft mit Figuren im Wald
Leinwand, Inv. 1912 Nr. 459

II-27
Anastagio Fontebuoni
Die Predigt Johannes des Täufers
Kupfer, Inv. 1912 Nr. 366
dok. 1828
C II. M

II-28
Caspar van Wittel
Ansicht der Villa Medici in Rom
Pergament, Inv. 1890 Nr. 1256
signiert und datiert 1685
dok. 1691

II-29
Moyses van Uyttenbroeck
Landschaft mit Ruinen, Hirten und Herden
Tafel, Inv. 1890 Nr. 1265
1624
dok. 1784
GPF. M

II-30
Filippo Napoletano (?)
Landschaft mit Christus und der Frau aus Kana
Kupfer, Inv. 1890 Nr. 1266
dok. im Palazzo Pitti 1774

II-31
Pieter de Molijn
Landschaft mit Brücke
Tafel, Inv. 1890 Nr. 1290
um 1656
signiert
dok. im Palazzo Pitti 1715

II-32
Abraham van Diepenbeeck
Das apokalyptische Weib
Leinwand, Inv. 1890 Nr. 1105
um 1645
dok. 1793

II-33
Pietro Mera
Pan, Syrinx und Nymphe
Kupfer, Inv. 1890 Nr. 1147
signiert
dok. im Palazzo Pitti 1774

II-34
Mathys Schoevaerts
Landschaft mit Ortschaft
Tafel, Inv. 1890 Nr. 1112
signiert

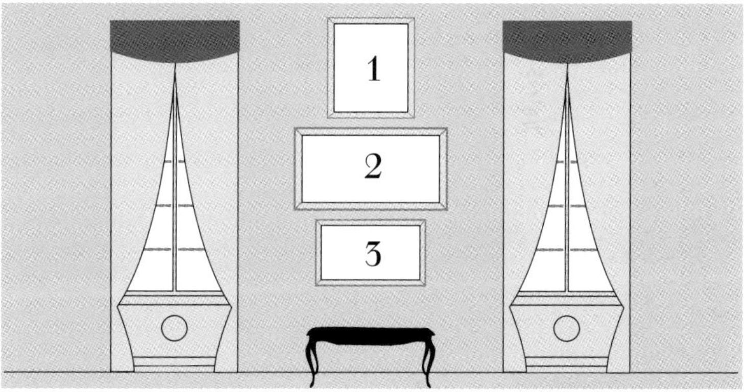

Saal der Gerechtigkeit (Sala della Giustizia)

Der Saal gehörte zu Zeiten der Medici in den Bereich der an die herzoglichen Wohngemächer angrenzenden Diensträume und wurde, gemeinsam mit den anliegenden Räumen, zwischen 1770 und 1776 von Maria Anna, der Tochter des Großherzogs Pietro Leopoldo von Habsburg-Lothringen bewohnt. Im Plan von 1813 „Familien-Salon“ genannt, ging diesem Saal ein großes Speisezimmer voraus, das dem heutigen Saal der Putten und dem Flora-Saal entspricht.
Nach der Rückkehr des Großherzogs Ferdinando III. von Habsburg-Lothringen wurde die Saaldecke von Antonio Fedi mit der Allegorie der *Gerechtigkeit* ausgeschmückt. In Begleitung von Merkur sollte mit der Darstellung auf den Handel und den gesicherten Wohlstand durch die Rückkehr des Herrschers angespielt werden.

Wand I

I-1
Pietro Vecchia
Bildnis einer Frau
Leinwand, Inv. 1912
Nr. 222
L. M (1675)

I-2
Paolo Veronese
Bildnis eines Mannes
Leinwand, Inv. 1912
Nr. 108
um 1570-1580
L. M (1659)

I-3
Französische Schule, 17. Jh.
Bildnis eines Mannes
Leinwand, Inv. 1912
Nr. 126 (Inv. 1890
Nr. 8431)
dok. im Palazzo Pitti 1819

I-4
Bonifazio Veronese
Jesus unter den Gelehrten im Tempel
Leinwand, Inv. 1912 Nr. 405
dok. 1816

I-5
Venetische Schule (?), 16. Jh.
Bildnis der Costanza Bentivoglio
Leinwand, Inv. 1912 Nr. 221
datiert 1520
dok. 1688; dok. im Palazzo Pitti 1828

I-6
Garofalo
Der Hl. Jakobus der Ältere
Leinwand, Inv. 1912 Nr. 5
L. M (1675)

I-7
Tizian-Schule
Bildnis des Cosimo Bartoli
Leinwand, Inv. 1912 Nr. 389
dok. 1706
GPF. M

Wand II

II-1
Tintoretto-Schule
Bildnis eines Mannes
Leinwand, Inv. 1912 Nr. 339
L. M (1675)

II-2
Leandro Bassano
Das letzte Abendmahl
Leinwand, Inv. 1912 Nr. 446
um 1590
V. DR (1631); GPF. M (1713)

II-3
Giovanni Demio
Ruhe auf der Flucht nach Ägypten
Leinwand, Inv. 1890 Nr. 6069
um 1558
GPF. M (1713)

Wand III

III-1
Domenico Tintoretto
Bildnis eines Mannes
Leinwand, Inv.1912 Nr. 410
GPF . M (1713)

III-2
Domenico Tintoretto (?)
Bildnis eines Mannes
Leinwand, Inv. 1912 Nr. 65
dok. im Palazzo Pitti seit 1834

III-3
Tizian
Bildnis des Tommaso Mosti (?)
Leinwand, Inv. 1912 Nr. 495
L. M (1663-1667)
Der Portraitierte wurde unbegründeterweise aufgrund einer alten, aber nicht zeitgenössischen Inschrift auf der Rückseite der originalen Leinwand, als Tommaso Mosti aus Ferrara identifiziert. Dort ist auch Tizian als Autor der Werkes und das Entstehungsjahr 1526 verzeichnet. Kardinal Leopoldo de' Medici erwarb das Gemälde als Werk Tizians; deshalb ist es in den Inventaren zwischen 1663 und 1667 als zu seiner Sammlung gehörend registriert. 1675 wurde das Bild als Kopie deklassifiziert, heute gilt das Gemälde jedoch einstimmig als eigenhändig vom Meister aus Cadore und als eines seiner gelungendsten Werke. Die Fähigkeit des Künstlers zur psychologischen Durchdringung des Dargestellten verbindet sich hier mit der virtuosen Umsetzung des mit Pelz gefütterten Mantels.

III-4
nach Tizian
Kopie des *Bildnisses von Alfonso I. d'Este*
Leinwand, Inv. 1912 Nr. 311
dok. im Palazzo Pitti 1798

III-5
Bonifazio Veronese
Augustus und die Sibylle
Leinwand, Inv. 1912 Nr. 257
L. M (1675)

III-6
Bassano-Umkreis (?)
Bildnis einer Frau
Leinwand, Inv. 1912 Nr. 130
dok. im Palazzo Pitti 1819

III-7
Tizian
Christus der Erlöser
Tafel, Inv. 1912 Nr. 228
V. DR (1631)
Das Gemälde gelang 1631 mit der Erbschaft von

Vittoria della Rovere nach Florenz, wie auch viele andere heute im Palazzo Pitti und in den Uffizien befindliche Bilder. Als Gemahlin des Großherzogs Ferdinando II. de' Medici war die Herzogin die letzte Nachkommin der Herzöge von Urbino. Das Werk wurde vor dem 7. Juli 1532 vom Herzog Francesco Maria della Rovere, vermutlich für seine Gemahlin Eleonora Gonzaga in Auftrag gegeben und zwei Jahre darauf von Tizian fertiggestellt. Das Bild *Christus der Erlöser* hebt sich durch die expressive Intensität der Umsetzung vom Hintergrund ab; jener besteht aus einer Landschaft, die sich in der Ferne verliert und von den Farbtönen der Dämmerung erleuchtet wird.

Wand IV

IV-1
Bonifazio Veronese
Ruhe auf der Flucht nach Ägypten
Tafel, Inv. 1912 Nr. 89
um 1620-1630
GPF. M (1713)

IV-2
Tizian-Werkstatt
Maria mit Kind, die Hl. Katherina von Alexandrien und der Johannesknabe
Leinwand, Inv. 1912 Nr. 17
dok. 1624
GPF. M (1694)

III-3

IV-3
Tizian-Werkstatt
Bildnis eines Edelmannes mit Kette
Leinwand, Inv. 1912 Nr. 494
GPF. M (1713)

IV-4
Venetische Schule, 16. Jh.
Die Hl. Familie mit dem Johannesknaben und der Hl. Elisabeth
Tafel, Inv. 1912 Nr. 254
GPF. M (1713)

III-7

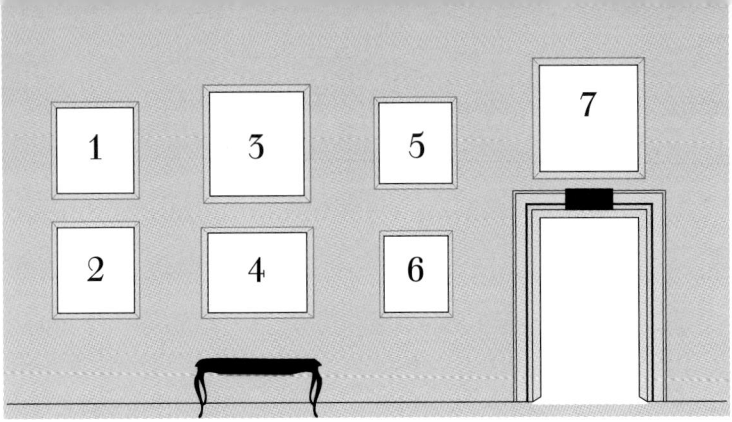

Flora-Saal (Sala di Flora)

Zu Zeiten der Medici gehörte dieser Saal gemeinsam mit den anliegenden zu dem Bereich der Diensträume der herzoglichen Wohngemächer. Er wurde zwischen etwa 1770 und 1776 von Maria Anna, der Tochter des Großherzogs Pietro Leopoldo von Habsburg-Lothringen bewohnt. Die Pläne der Elisa Baciocchi für diesen Bereich der Wohngemächer in der Zeit unter Napoleon sahen vor, diesen Saal mit dem Saal der Putten zu einem großen Speisesaal zusammenzulegen. Nach der Rückkehr Ferdinandos III., wurde die Saaldecke in den zwanziger Jahren des 19. Jh.s von Antonio Marini mit der Allegorie der *Flora* ausgestaltet.

Wand I

I-1
Alessandro Allori (?)
Bildnis der Isabella de' Medici (?)
Tafel, Inv. 1890 Nr. 8738
dok. im Palazzo Pitti 1828

I-2
Michele di Ridolfo del Ghirlandaio
Bildnis einer Frau
Tafel, Inv. 1912 Nr. 28
um 1560-1570
dok. im Palazzo Pitti 1828

I-3
Michele di Ridolfo del Ghirlandaio
Die Hl. Familie
Tafel, Inv. 1912 Nr. 180
um 1560-1570
dok. 1777

I-4
Friedrich Sustris
Niederkunft
Leinwand, Inv. 1912
Nr. 394
um 1565
dok. 1589

I-5
Bonifacio Veronese
Die Hl. Familie
Leinwand, Inv. 1890
Nr. 3349
dok. 1906; dok. im Palazzo Pitti 1928

I-6
Cigoli
Die Hl. Familie
Tafel, Inv. 1912 Nr. 239
um 1585
dok. im Palazzo Pitti 1704
M. M (1669)

I-7
Giorgio Vasari
Die Hl. Familie mit der Hl. Elisabeth und dem Johannesknaben
Tafel, Inv. 1912 Nr. 413
um 1550
dok. im Palazzo Pitti 1819

Wand II

II-1
Adriaen Thomas Key
Bildnis eines Mannes
Tafel, Inv. 1912 Nr. 7

II-2
Alessandro Allori
Maria mit Kind
Leinwand, Inv. 1912
Nr. 442

Die Herkunft und das Zugangsdatum in die Sammlung dieses Gemäldes sind unbekannt. Das Bild zeichnet sich auf der einen Seite durch seine charakteristische von Bronzino beeinflusste Anmut und auf der anderen Seite durch die intime und familiäre Atmosphäre der Darstellung aus, welches mit den Vorgaben der Gegenreformation einherging. Das Werk wurde in den achtziger Jahren des 16. Jh.s, zu Zeiten des Großherzogs Ferdinando I., der damals Kardinal der Heiligen Römischen Kirche war, ausgeführt; eventuell für Christina von Lothringen, die er 1589 geheiratet hatte.

II-3
Florentinische Schule, 17. Jh.
Bildnis eines Koches
Leinwand, Inv. 1912 Nr. 435
F III. AL (1822)

II-4
Tizian
Die Anbetung der Hirten
Tafel, Inv. 1912 Nr. 423
1532
V. DR (1631)
GPF. M

II-5
Giorgio Vasari
Gebet Christi im Garten Gethsemane
Tafel, Inv. 1912 Nr. 385
um 1560
dok. im Palazzo Pitti 1828

Wand III

III-1
Benedetto Gennari
Kopie des *David* von Guercino
Leinwand, Inv. 1912 Nr. 143
F III. AL (1818)

III-2
Domenico Puligo
Maria mit Kind und Johannes der Täufer
Tafel, Inv. 1912 Nr. 145
um 1525
dok. im Palazzo Pitti seit 1791
C. M (1666)

III-3
Domenico Puligo
Bildnis eines Mannes
Tafel, Inv. 1912 Nr. 184
um 1525
dok. 1638
GPF. M (1710)

III-4
Domenico Puligo
Maria mit Kind, Hl. Johannes und Hl. Laurentius
Tafel, Inv. 1912 Nr. 146
um 1515
dok. im Palazzo Pitti 1829

II-2

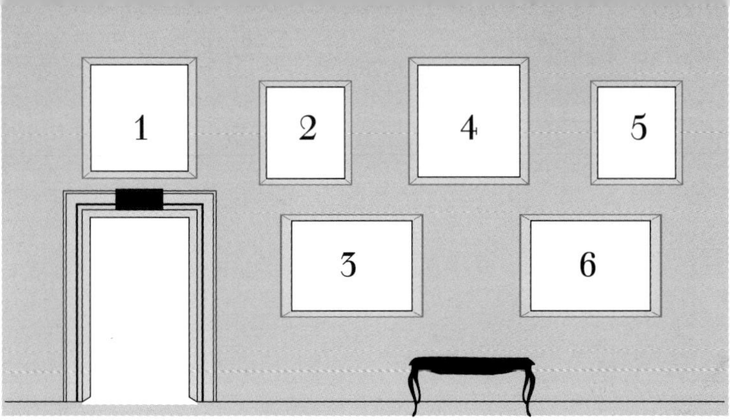

III-5
Francesco Bassano und Jacopo Bassano-Werkstatt
Der Herbst
Leinwand, Inv. 1912
Nr. 383
um 1580-1590

III-6
Jacopo und Francesco Bassano
Gott und Noah nach der Sintflut
Leinwand, Inv. 1912
Nr. 386
um 1578
F I. M. (1578)

Wand IV

IV-1
Carl Andreas Ruthart
Von wilden Tieren angefallener Hirsch
Leinwand, Inv. 1912
Nr. 438
um 1670
C III. M (1676)

IV-2
Carletto Caliari
Die betende Hl. Katharina von Alexandrien
Inv. 1890 Nr. 890
dok. 1796; dok. im Palazzo Pitti 1928
L. M. (1675)

IV-3
Perugino
Hl. Maria Magdalena
Tafel, Inv. 1912 Nr. 42
V. DR; L. M (1675)
dok. 1641

Die in edler Kleidung dargestellte Heilige ist anhand der Inschrift in goldenen Buchstaben am Saum ihres Kleides identifizierbar. Das Werk zeigt die Heilige in ihrer zarten Anmut und ist deutlich von der flämischen Malerei beeinflusst. Es gehört mit der Datierung in die 1490er Jahre dem späten Schaffen des umbrischen Künstlers an, der sich in Florenz niedergelassen hatte. Die Herkunft des Bildes ist unbekannt; ab 1641 ist es im Besitz der Vittoria della Rovere in der Villa del Poggio Imperiale dokumentarisch erstmalig aufgeführt.

IV-4
Melchior de Hondecoeter
Bauernhof mit Hahn
Leinwand, Inv. 1912
Nr. 400 (1890 Nr. 8434)
signiert
dok. 1823

IV-5
Anton van Dyck
Ruhe auf der Flucht nach Ägypten
Leinwand, Inv. 1912
Nr. 437
FIII. AL (1818)

Zahlreiche zeitgenössische Kopien, darunter eine Version des Bildes in der Eremitage, bezeugen den hohen Bekanntheitsgrad dieses Gemäldes, das zur Sammlung Gerini gehörte und 1818 von Ferdinando III. von Habsburg-Lothringen erworben wurde, um der Galerie des Palazzo Pitti hinzugefügt zu werden. Man hielt das Werk gewöhnlich für eine Kopie der Version aus der russischen Sammlung, bis dank der Restaurierung im Jahr 1999 die hohe malerische Qualität des Bildes zum Vorschein kam, wodurch das Werk nun als eigenhändig in die englische Phase des Künstlers eingeordnet werden konnte. Man stellte fest, dass der Eingriff der Werkstatt lediglich auf die Engel oben rechts im Bild beschränkt blieb.

IV-6
Carl Andreas Ruthart
Wilde Tiere in einem Waldstück
Leinwand, Inv. 1912
Nr. 418
um 1670
signiert
C III. M (1676)

IV-7
Domenico Puligo
Die Hl. Familie
Tafel, Inv. 1912 Nr. 486
um 1515
dok. im Palazzo Pitti 1761

IV-8
Lo Spagna
Die mystische Hochzeit der Hl. Katharina von Alexandrien und die Heiligen Antonius von Padua und Franziskus
Tafel, Inv. 1912 Nr. 499
um 1520
dok. 1859

IV-3

IV-5

Saal der Putten (Sala dei Putti)

Dieser Raum gehörte zu Zeiten der Medici zu den angrenzenden Diensträumen der herzoglichen Wohngemächer und bildete zwischen 1770 und 1776 einen Teil der Wohngemächer von Maria Anna, der Tochter des Großherzogs Pietro Leopoldo von Habsburg-Lothringen. Zu Zeiten Napoleons (1813) mit dem Flora-Saal zusammengelegt, bildete er einen großen Speisesaal. Nach der Rückkehr des Großherzogs Ferdinando III. von Lothringen, wurden die Räume wieder getrennt und der Saal der Putten dazu bestimmt, vor allem die flämische und holländische Malerei des 17. Jh.s aufzunehmen. Antonio Marini gestaltete um 1830 die Decke des Raumes aus; darunter drei fliegende Putten, die dem Saal seinen Namen verliehen.

Wand I

I-1
Willem van Aelst
Stilleben mit Früchten
Leinwand, Inv. 1912 Nr. 468
signiert und datiert 1653
L. M

Das Gemälde gehört zusammen mit dem ebenfalls in diesem Raum ausgestellten Bild (Inv. 1912 Nr. 469, siehe I-6) desselben Künstlers und Themas, beide mit „W.V.Aelst 1653“ signiert und datiert, zu den insgesamt neun Werken dieses raffinierten holländischen Malers, der im 17. Jh. die Gunst und das Wohlwollen der Medici genoss. Im zweitgenannten Bild lässt die Präsenz des Kelches aus doppelter Nautilusmuschel (der sich heute im *Museo degli Argenti* befindet) die Vermutung aufkommen, es handele sich um eine florentinische Ausführung im Auftrag des Kardinals Leopoldo de’ Medici.

I-2
Eglon Hendrik van der Neer
Esther sinkt vor dem König in Ohnmacht
Leinwand, Inv. 1890
Nr. 1186
signiert und datiert 1696
dok. 1697
C III. M

I-3
Rachel Ruysch
Blumenstrauß und Granatäpfel
Leinwand Inv. 1912
Nr. 455
1716
FIII. AL

Das Gemälde ist wie sein Pendantbild *Stilleben mit Früchten und Insekten* im selben Saal (siehe I-8) mit „Rachel Ruysch 1716“ signiert. Ehemals in der Sammlung Wattier in Paris ließ Großherzog Ferdinando III. von Habsburg-Lothringen dieses Werk 1823 für den Palazzo Pitti ankaufen. Die holländische Künstlerin besticht durch die Virtuosität und die malerische Leistung bei der Umsetzung kleinster Details der Pflanzen und Blumen, was ihr in ganz Europa Anerkennung verschaffte.

I-4
Bartolomeo Schedoni (?)
Kopie der *Mariae Himmelfahrt* von Annibale Carracci
Leinwand, Inv. 1912
Nr. 231
dok. im Palazzo Pitti 1687

I-5
Salvator Rosa
Der Friede verbrennt die Waffen
Leinwand, Inv. 1912
Nr. 453
signiert
GC. M (1663)

I-1

I-6
Willem van Aelst
Stilleben mit Obst und Geschirr
Leinwand, Inv. 1912
Nr. 469
L. M
signiert und datiert 1653
siehe I-1.

I-7
Willem van Aelst
Stilleben mit Früchten,
Leinwand, Inv. OdA 1911
Nr. 498
um 1652
dok. 1669
GC. M (1663)

I-8
Rachel Ruysch
Stilleben mit Früchten, Blumen und Insekten
Leinwand, Inv. 1912
Nr. 451
dok. 1823
FIII. AL
siehe I-3.

I-3

I-9
Holländische Schule, 18. Jh.
Wildschweinjagd
Leinwand, Inv. 1890 Nr. 1304
dok. 1796

Wand III

III-1
Otto Marseus van Schrieck
Waldboden mit Distel, Schlange und Schmetterlingen
Leinwand, Inv. OdA 1911 Nr. 501
1668
C III. M

III-2
Pieter van Laer
Der Pferdestall
Leinwand, Inv. 1890 Nr. 1222
dok. im Palazzo Pitti 1798

III-3
Paul Bril
Bewaldete Flußlandschaft mit rastenden Hirten und Herde
Leinwand, Inv. 1912 Nr. 449
C. M (1618)

III-4
Herman van Swanevelt
Landschaft mit rastenden Wanderern
Kupfer, Inv. 1890 Nr. 2142

III-5
Jacob van Ruisdael
Landschaft mit Wasserfall
Leinwand, Inv. 1912 Nr. 429 (Inv. 1890 Nr. 8436)
signiert
dok. im Palazzo Pitti 1834
L II. AL (1827)

III-8
Michelangelo Cerquozzi
Wollkämmerin
Schiefer, Inv. 1890 Nr. 1250
dok. 1753

III-7
Herman van Swanevelt (?)
Bauern vor einem Wirtshaus
Leinwand, Inv. 1912 Nr. 412
dok. 1698; dok. im Palazzo Pitti 1828

III-8
Godfried Schalcken
Mädchen mit Kerze
Leinwand, Inv. 1890 Nr. 1118
signiert
dok. 1698; dok. im Palazzo Pitti 1928

III-9
Jacob Jordaens
Neptun erschafft das Pferd
Leinwand, Inv. 1890 Nr. 1234
um 1644
signiert
dok. im Palazzo Pitti 1728

III-10
Michelangelo Cerquozzi
Hirte mit Hund
Schiefer, Inv. 1890 Nr. 1252
dok. 1753

III-11
Peter Paul Rubens
Die drei Grazien
Tafel, Inv. 1890 Nr. 1165
L. M (1671)

Der berühmte flämische Künstler schuf dieses Gemälde gegen 1622. Dargestellt sind die drei Grazien Aglaia (die Glänzende), Euphrosyne (der Frohsinn) und Thalia (auch Thaleia, die Festfreude). Der apostolische Nuntius in Brüssel Monsignore Airoldi überließ das Bild 1671 dem Kardinal Leopoldo de' Medici als Geschenk. Es gehört zu jenen kleinformatigen Werken, die zumeist aus Vorstudien und Entwürfen zur Umsetzung großformatiger Bilder bestanden und sich durch die Frische der Komprimierung und Unmittelbarkeit hervorheben.

III-12
Paul Bril
Die Rückkehr der Herde
Leinwand, Inv. 1912 Nr. 452
C. M (1618)

III-13
Herman van Swanevelt
Flusslandschaft mit Anglern
Kupfer, Inv. 1890 Nr. 2143

III-14
Jérome Galle
Stilleben mit Blumengirlande
Leinwand, Inv. 1890
Nr. 1268
signiert und datiert 1655
dok. 1753; dok. im Palazzo Pitti 1928

Wand IV

IV-1
Willem van Aelst
Stilleben mit Kopf eines Ziegenbocks
Leinwand, Inv. 1912
Nr. 454
signiert und datiert 1652
GC. M

IV-2
Ludolf Bakhuysen
Küstenlandschaft mit Segelschiffen
Leinwand, Inv. 1912
Nr. 464
datiert1669, mit Siegel: LB F III. AL (1823)

III-11

IV-3
Willem van Aelst
Stilleben mit Jagdbeute
Leinwand, Inv. 1912
Nr. 466
signiert und datiert 1652
GC. M

IV-4
Hendrick Jacobsz Dubbels
Küstenlandschaft mit Segelschiffen
Leinwand, Inv. 1912
Nr. 457
um 1653-1655
signiert
L II. AL (1834)

Odysseus-Saal (Sala di Ulisse)

Der Saal wurde zu Zeiten der Medici als Schlafzimmer des Großherzogs genutzt und mit dem Eintreten der Habsburg-Lothringer gegen 1775 von der ältesten Tochter des Pietro Leopoldo bewohnt. 1815 schmückte Gasparo Martellini, anlässlich der Rückkehr des Großherzogs Ferdinando III. aus dem Exil, die Saal-Decke mit *Der Rückkehr des Odysseus nach Ithaka* aus. Darüber hinaus fertigte er ein Fries mit der Treue („la *Fedeltà*") und der Stärke („la *Fortezza*"), Herkules und Apollon, an, die auf die Rückkehr des Herrschers in sein Reich nach der Unterbrechung durch Napoleon anspielen sollte.

Wand I

I-1
Tintoretto-Werkstatt
Bildnis eines Mannes
Leinwand, Inv. 1912
Nr. 330
Ende des 16. Jh.s
L. M. (1675)

I-2
Francesco Furini
Der Glaube („La Fede")
Leinwand, Inv. 1912
Nr. 428
um 1633-1640
dok. im Palazzo Pitti 1859

I-3
Agostino Carracci
Landschaft mit Badenden
Leinwand, Inv. 1912
Nr. 320
mit Siegel: DI MANO DI AGOSTINO CARRACCI
dok. 1677
F III. AL (1818)

I-4
Salvator Rosa
Die Versuchungen des Hl. Antonius
Leinwand, Inv. 1912
Nr. 297
um 1645
GC. M

I-5
Bernardino Licinio
Bildnis eines Mannes
Leinwand, Inv. 1912 Nr. 69
1537

I-6
Carlo Dolci
Bildnis der Claudia Felicita als Kaiserin Galla Placidia
Leinwand, Inv. 1890
Nr. 2148
datiert 1675, mit Siegel: ... da me Carlo Dolci...
C III. M

I-7
Cristofano Allori
Bildnis eines Mannes
Tempera auf Ziegel, Inv. 1912 Nr. 497
um 1605
L. M

I-8
Guido Reni
Caritas
Leinwand, Inv. 1912
Nr. 197
um 1605
L. M (1675)

I-9
Raffael
Madonna mit Kind, dem Johannesknaben und zwei Heiligen („Madonna dell'impannata")
Tafel, Inv. 1912 Nr. 127
C I. M; GPF. M (1697)

Diese Tafel wurde 1514 für den reichen Bankier Bindo Altoviti ausgeführt; da dieser sich jedoch gegen Cosimo I. de' Medici richtete, wurde das Gemälde beschlagnahmt und gelangte Mitte des 16. Jh.s in die herzogliche Sammlung. Dargestellt ist Maria, die das Jesus-Kind von einer älteren Frau (Elisabeth oder Anna) entgegennimmt. Der Johannesknabe deutet auf Christus, der sich einer jungen Heiligen zuwendet (Hl. Katherina?). Das Werk erhielt seinen Beinamen „impannata"

aufgrund des Fensters im Hintergrund, das nach zeitgenössischem Brauch mit in Öl eingelegten und in den Rahmen gespannten Tüchern abgeschirmt wurde.

I-10
Schule Anthonis Mor
Bildnis einer Frau
Tafel, Inv. 1890 Nr. 1841
Ende des 16. Jh.s
mit Siegel und 1579 datiert

I-11
Giulio Campi
Bildnis eines Mannes
Tafel, Inv. 1912 Nr. 493
um 1525-1530
dok. im Palazzo Pitti 1828

I-12
Tintoretto (?)
Bildnis eines Geistlichen
Leinwand, Inv. 1912 Nr. 74
dok. 1662
L. M (1675)

I-13
Giorgio Vasari
Die Versuchungen des Hl. Hieronymus
Tafel, Inv. 1912 Nr. 393
1541
dok. 1541
O. M

Wand II

II-1
Cristofano Allori
Johannes der Täufer in der Wüste
Leinwand, Inv. 1912
Nr. 305
um 1612-1615
C. M (1666)

II-2
Giovan Battista Moroni
Bildnis des Simone di Marco Moroni
Leinwand, Inv. 1912
Nr. 121
um 1570
dok. im Palazzo Pitti seit 1798
L. M (1668)

II-3
Pietro Ciafferi
Christus wird aus dem Prätorium geführt
Leinwand, Inv. 1912
Nr. 448
mit Siegel: PC

I-9

II-

II-4
Andrea del Sarto
Madonna mit Kind und Heiligen („Pala di Gambassi“)
Tafel, Inv. 1912 Nr. 307
dok. 1637

Das Bild wurde vermutlich als Weihegabe für die Pestperiode zwischen 1527 und 1528 gemalt und stellt die Jungfrau Maria mit Kind und die Heiligen Johannes der Täufer, Rochus, Sebastian und Maria Magdalena, Onuphrius und Laurentius dar. Die beiden letztgenannten als Namensgeber der Einsiedlerkirche in Gambassi, in der Toskana; dem Ort, aus dem der Auftraggeber Domenico, genannt Becuccio, der den Beruf des Glasbläsers („bicchieraio“) ausübte und Freund des Künstlers war, stammte. Das Werk ist seit 1637, zu Zeiten des Großfürsten Ferdinando II. de' Medici, in der Medici-Sammlung dokumentarisch aufgenommen.

II-5
Agostino Tassi
Diana und Aktaion
Leinwand, Inv. 1912 Nr. 474
um 1640

II-6
Filippino Lippi
Szenen aus dem Leben der Lukrezia
Tafel, Inv. 1912 Nr. 388

Dieses Gemälde zierte gemeinsam mit dem im Louvre befindlichen *Szenen aus dem Leben der Jungfrau Maria*, das identische Maße aufweist und zum selben hölzernen Gegenstand gehörte die Vorderseite eines Hochzeits-Cassone (Truhe). Dargestellt sind drei Begebenheiten aus dem Leben der Lukrezia: Nach dem Selbstmord der Lukrezia infolge der Vergewaltigung durch Sextus Tarquinius, wird ihr Leichnam von den Familienangehörigen hinaus getragen; das römische Volk betrauert den ausgestellten Leichnam; das Volk lehnt sich gegen den König Tarquinius Superbus, dem Vater des Sextus Tarquinius, auf.
Es handelt sich um ein frühes Werk des Künstlers und ist auf die 70er Jahre des 15. Jh.s datierbar. Man erkennt den Einfluss Botticellis, dennoch überwiegt der unruhige und eigenwillige Malstil des Künstlers.

II-7
nach Annibale Carracci
Kopie von *Nymphe und Satyr*
Papier auf Tafel geklebt, Inv. 1912 Nr. 480
17. Jh.
L. M (1675)

II-8
Orazio Riminaldi
Amor als Sieger
Leinwand, Inv. 1912 Nr. 422
um 1624
dok. im Palazzo Pitti Ende des 17. Jh.s

II-

II-9
Giovan Battista Moroni
Bildnis einer Frau
Leinwand, Inv. 1912 Nr. 128
um 1560
dok. im Palazzo Pitti 1695
L. M. (1665)

II-10
Alessandro Allori
Die Predigt des Hl. Johannes
1604
signiert
dok. 1604; dok. im Palazzo Pitti 1666

Wand III

III-1
Schule von Carlo Dolci
Die Hl. Lucia
Leinwand, Inv. 1912 Nr. 295
17. Jh.
dok. im Palazzo Pitti 1834

III-2
Bartolomeo Schedoni
Der Hl. Paulus
Tafel, Inv. 1912 Nr. 333
um 1610
L. M (1675)

III-3
Domenico Puligo-Werkstatt
Die Hl. Familie
Tafel, Inv. 1912 Nr. 294
3. Jahrzehnt des 16. Jh.s
dok. im Palazzo Pitti 1773

III-4
Bergamaskische Schule, 16. Jh.
Bildnis eines Mannes
Leinwand, Inv. 1912 Nr. 120
dok. im Palazzo Pitti 1761
L. M (1668)

III-5
Carlo Dolci
Madonna mit Kind
Leinwand, Inv. 1912 Nr. 302
um 1680
dok. im Palazzo Pitti 1723
V. DR

III-6
Carlo Dolci
Die Vision des Hl. Johannes in Patmos
Kupfer, Inv. 1912 Nr. 465
um 1550 (?)
mit Siegel: Carlino Dolci
V. DR (1694)

III-7
Francesco Curradi
Die Hl. Katherina von Alexandrien
Leinwand, Inv. 1912 Nr. 286

III-8
Cristofano Allori
Das Emmausmahl
Leinwand, Inv. 1912 Nr. 303
um 1610
C. M (1666)

III-9
Carlo Dolci
Ecce Homo
Leinwand, Inv. 1912 Nr. 321
um 1670
dok. im Palazzo Pitti 1687
C. M (1666)

III-10
Giovan Battista Moroni
Bildnis des Prälaten Marco di Giovanni Moroni
Leinwand, Inv. 1912 Nr. 127
um 1570
dok. im Palazzo Pitti 1798
L. M (1668)

III-11
Tintoretto
Madonna mit Kind
Leinwand, Inv. 1912 Nr. 313
um 1570
L. M (1658)

III-12
Gregorio Pagani
Bildnis eines Mannes
Leinwand, Inv. 1912 Nr. 285
um 1600
L. M (1675)

III-13
Florentinische Schule, 17. Jh.
Bild eines Jünglings
Leinwand, Inv. 1912 Nr. 402

III-14
Tintoretto
Bildnis des Andrea Frizier
Leinwand, Inv. 1912 Nr. 70
um 1575
L. M (1675)

III-15
Venetische Schule (?), 16. Jh.
Bildnis des Bischofs Giuliano Argentino
Leinwand, Inv. 1912 Nr. 35
um 1537-1549
dok. im Palazzo Pitti 1687-1688
L. M; GC. M (1654)

III-16
Cigoli
Ecce Homo
Leinwand, Inv. 1912 Nr. 90
1607
DL. M (1630)

Dieses dramatische und äußerst realistische Werk wurde 1607 für den römischen Patrizier Massimo Massimi angefertigt, der zwei Jahre zuvor ein Bild desselben Sujets bei Caravaggio beauftragt hatte. Es handelte sich um einen Wettbewerb, den Cigoli gewann, indem er sowohl in Rom als auch in Florenz großen Erfolg verbuchte. Das Gemälde befand sich bereits 1630 in Florenz im Besitz des Don Lorenzo de' Medici und acht Jahre später in den Gemächern des Großherzogs Ferdinando de' Medici; um die große Beliebtheit, die das Bild genoss, zu unterstreichen.

III-17
Hans von Aachen
Selbstportrait
Leinwand, Inv. 1912 Nr. 329
um 1585-1595

III-18
Franz Pourbus der Jüngere
Bildnis eines Mannes
Leinwand, Inv. 1912 Nr. 296
um 1595 (?)
dok. im Palazzo Pitti 1834

III-19
Antonio del Ceraiolo (?)
Bildnis eines Mannes
Tafel, Inv. 1912 Nr. 491
um 1520-1530
dok. im Palazzo Pitti 1687
L. M (1675)

Napoleon-Bad (Bagno di Napoleone)

Dieser Raum gehört zum Gebäudeflügel, der von Giuseppe Cacialli (1813) umgebaut wurde, um hier die Wohngemächer Napoleons entstehen zu lassen. Den Auftrag hierfür erteilte die Schwester Napoleons Elisa Baciocchi, die von 1808 bis 1814 Großherzogin der Toskana war.

Die Stuckausführungen in den Lünetten von Luigi Pampaloni zeigen Szenen, die von der antiken Mythologie beeinflusst sind. Die vier Nischenfiguren aus Marmor stellen Nereiden dar und fügen sich in den neoklassizistischen Geschmack ihrer Umgebung ein. Zwei der Skulpturen sind das Werk Salvatore Bongiovannis, die anderen beiden stammen von Giovanni Insom.

Saal der Erziehung des Jupiter (Sala dell'Educazione di Giove)

Dieser Saal war zu Zeiten der Medici Sitz des Sekretärs des Herzogs; zu Zeiten der Lothringer war er Teil der herzoglichen Wohngemächer, bis es schließlich zu einem Teil der Galleria Palatina wurde. Das Gewölbe wurde 1819 von Luigi Catani ausgestaltet und zeigt Jupiter als Kind, der seinem Vater Kronos weggenommen wurde, da dieser ihn sonst – wie seine Geschwister – verschlungen hätte. Er wurde von seiner Mutter Rhea auf der Insel Kreta versteckt, von der Nymphe Adrastea aufgezogen und von der Ziege Amaltheia versorgt. In den Sechsecken befinden sich Gemälde von *Cybele*, *Neptun*, *Amphitrite*, *Juno* und *Mars*.

Wand I

I-1
Giovanni Bilivert (?)
Der Hl. Sebastian
Leinwand, Inv. 1912 Nr. 271
GPF. M (1713)

I-2
Justus Sustermans
Bildnis der Vittoria della Rovere und Cosimos III. als *Hl. Familie*
Leinwand, Inv. 1912 Nr. 232
um 1645
FM. M

I-3
Carlo Dolci
Der büßende Hl. Dominikus
Leinwand, Inv. 1912 Nr. 406
1645-1646
C. M (1666)

I-4
Cristofano Allori
Judith mit dem Kopf des Holofernes
Leinwand, Inv. 1912 Nr. 96
FII. M; C. M

I-

Das Gemälde befand sich im Atelier des Künstlers, als dieser 1621 verstarb. Es muss kurz zuvor ausgeführt worden und direkt in die Medici-Sammlung übergegangen sein, als Schenkung vom Herzog Ferdinando II. an seinen Onkel den Kardinal Carlo. Als letzterer 1666 starb, ging das Gemälde wieder in den Besitz des Herzogs über. Die Quellen besagen der Künstler habe sich in Holofernes selbst portraitiert, die biblische Heldin mit den Zügen seiner Geliebten La Mazzafirra ausgestattet und die Helferin Judiths wie die Mutter der Dargestellte aussehen lassen. Es handelt sich hierbei um das berühmteste Werk des Künstlers, der eigenhändig mehrere Repliken davon anfertigte.

I-5
Francesco Salviati
Beweinung Christi
Tafel, Inv. 1912 Nr. 115
um 1545
dok. 1591
dok. im Palazzo Pitti 1828

I-6
Carlo Dolci
Das Martyrium des Hl. Andreas
Leinwand, Inv. 1912 Nr. 266
FIII. AL (1818)

Mit der Zeile „1646 CAROLUS DOLCIUS FAC. T" signiert und datiert, zeigt das Gemälde die Kreuzigung des Apostels Andreas, dem Bruder des Hl. Petrus' und entstand für den florentinischen Marchese Carlo Gerini. Mit mindestens zwei Repliken handelt es sich um das berühmteste Bild des Künstlers, dessen Andachtsbilder bei den Medici und im Florenz des 17. Jh.s großen Erfolg genossen. Herzog Ferdinando III. von Lothringen erwarb das Werk 1818 für seine Sammlung.

I-7
nach Guercino
Kopie der *Susanna im Bade*
Leinwand, Inv. 1912 Nr. 234
dok. im Palazzo Pitti 1761

I-8
nach Correggio
Kopie des *Ecce Homo*
Kupferstich, Inv. 1912 Nr. 259

I-9
Veronese-Schule, 16. Jh.
Bildnis eines Kindes
Leinwand, Inv. 1912 Nr. 267
GC. M

I-10
Veronese-Schule, 16. Jh.
Bildnis eines Kindes
Leinwand, Inv. 1912 Nr. 268
GC. M

I-11
Scipione Pulzone
Bildnis des Ferdinando I. de' Medici
Kupferstich, Inv. 1912 Nr. 337
nach 1590
L. M (1675)

I-12
François Clouet-Werkstatt
Bildnis des Henri II. von Frankreich
Tafel, Inv. 1912 Nr. 262
C. L.

I-13
Filippo Napoletano
Der Schnecken-Verkäufer
Kupferstich, Inv. 1890 Nr. 1009
dok. im Palazzo Pitti 1769

Wand II

II-1
Veronese-Werkstatt, 16. Jh.
Wiederauferstehung
Leinwand, Inv. 1912 Nr. 264
dok. im Palazzo Pitti 1694
MM. A (1624)

II-2
Jan Anthonisz van Ravesteyn
Bildnis des Daniel Heinsius
Leinwand, Inv. 1912 Nr. 255
signiert und datiert 1629
GPF. M

II-3
Giovanni Bonconsiglio
Madonna mit Kind, der Hl. Jakobus und die Hl. Katherina von Alexandrien (?)
Tafel, Inv. 1912 Nr. 338
um 1515-1520

II-4
Tintoretto-Werkstatt
Kreuzabnahme
Leinwand, Inv. 1912 Nr. 248
GPF. M (1698)

II-5
Anton van Dyck
Bildnis eines Mannes
Leinwand, Inv. 1912 Nr. 258
um 1638
dok. 1704; dok. im Palazzo Pitti 1780

I-6

Wand II

Wand III

Wand III

III-1
Francesco Maria Bassi
Kopf eines alten Mannes
Tafel, Inv. 1912 Nr. 308
dok. im Palazzo Pitti 1761

III-2
Giovanni Bilivert
Die Hl. Katherina von Alexandrien
Schiefer, Inv. 1890 Nr. 1402
um 1638

III-3
Anhänger Bronzino
Bildnis des Giovanni de' Medici (?)
Tafel, Inv. 1912 Nr. 279

III-4
Jean Clouet
Bildnis des Claudius von Lothringen, Herzog von Guise
Tafel, Inv. 1912 Nr. 252
um 1525-1530
C. L (1589)

III-5
Bronzino-Werkstatt
Bildnis der Lucrezia de' Medici
Zinn, Inv. 1912 Nr. 277
um 1560

III-6
Alessandro Maganza
Das Gastmahl des Herodes
Leinwand, Inv. 1912 Nr. 387
V. DR (1691)

III-7
nach Anton van Dyck
Kopie des *Bildnisses der Henriette Maria von England*
Leinwand, Inv. 1912 Nr. 331
dok. im Palazzo Pitti 1824
V. DR (1691)

III-8
Benedetto Caliari
Christus erscheint den heiligen Frauen
Leinwand, Inv. 1912 Nr. 134
C III. M

III-9
Venetische Schule, 16. Jh.s
Die Ruhe auf der Flucht nach Ägypten
Leinwand, Inv. 1890 Nr. 607
FM. M (1685)

III-10
Caravaggio
Schlafender Amor
Leinwand, Inv. 1912 Nr. 183
1608
L. M (1667)

Das Gemälde gehört zum Spätwerk Caravaggios, der es 1608 auf Malta für den Kommandeur des

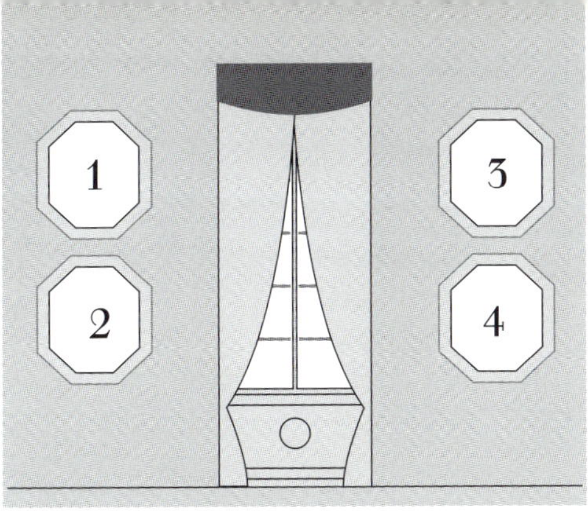

Malteserordens Francesco dell'Antella ausgeführte. Dieser ließ es zudem von Giovanni da San Giovanni in den Fresken auf die Fassade seines Wohnhauses auf der Piazza Santa Croce übertragen. Das traditionelle Thema des schlafenden Amors ist hier extrem realistisch mit stark kontrastierenden Lichtverhältnissen gezeigt. Das Werk gelang 1667 in den Palazzo Pitti in die Sammlung des Fürsten Kardinal Leopoldo de' Medici, der es mit dem äußerst prachtvollen Rahmen; verziert mit Amors Attributen – Bogen und Pfeilen – ausstattete.

III-11
Veronese-Schule
16. Jh.
Bildnis eines Künstlers
Leinwand, Inv. 1912 Nr. 68
um 1550-1555

III-12
Benedetto Caliari
Abschied Chisti von Maria
Leinwand, Inv. 1912 Nr. 136
C III. M

Wand IV

IV-1
Bartolomeo Mancini
Der Hl. Henrik von Bayern und die Hl. Kunigunde
Leinwand, Inv. 1912 Nr. 276
datiert 1689, mit Siegel: B° Mancini F
C III. M

IV-2
Carlo Dolci
Der Hl. Karl Borromäus
Leinwand, Inv. 1912 Nr. 275
1656-1660
C. M (1666)

IV-3
Bartolomeo Mancini
Der Hl. Francesco Saverio
Leinwand, Inv. 1912 Nr. 280
datiert 1687, mit Siegel: Bartolomeo Mancini F
C III. M

IV-4
Carlo Dolci
Der Hl. Nikolaus von Tolentino
Leinwand, Inv. 1912 Nr. 281
1656-1661
C. M (1666)

III-10

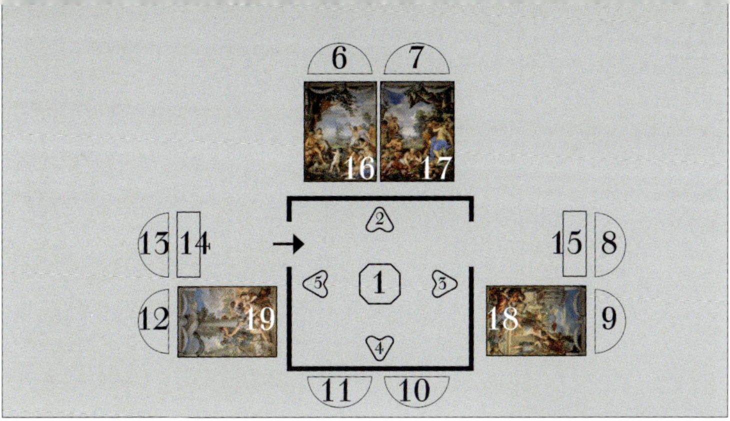

Ofensaal (Sala della Stufa)

Der Raum war ursprünglich eine offene Loggia, deren Gewölbe zwischen 1625 und 1627 von Michelangelo Cinganelli, Matteo Rosselli und Ottavio Vannini mit den Allegorien der großen Monarchien der Antike ausgestaltet wurde. Die Stuckarbeiten stammen von Antonio Novelli und Sebastiano Pettirossi. Am Ende dieser ersten Phase der Ausgestaltung wurde die Loggia 1627 geschlossen und zum Ofensaal bestimmt; das heißt zum Badezimmer des Großherzogs.

Der Fußboden aus Majolika wurde 1627 von der Manufaktur aus Montelupo nach Vorlage der Kartons von Giulio Parigi ausgeführt. Anfang des 19. Jh.s wurde er von der Florentinischen Manufaktur Cantagalli, mit Ausnahme des Mittelteils mit dem *Sieg der Monarchie* überarbeitet. Weitere Teile des originalen Fußbodens, die aus den Depots wieder gewonnen werden konnten, sind im nahe gelegenen Atrium mit der Freitreppe von Del Moro ausgestellt.

1637 wurde Pietro da Cortona mit der Ausschmückung der Wände betraut; dargestellt sind die *Vier Lebensalter des Menschen*, ein von Ovid beeinflusstes und von Michelangelo Buonarroti dem Jüngeren empfohlenes Thema. *Das goldene Zeitalter* spielt auf die erfolgreiche Herrschaft des Großherzogs Ferdinando II. und auf die glückliche eheliche Vereinigung von den Medici und den Della Rovere an und wurde gemeinsam mit der Darstellung *Das silberne Zeitalter* während des ersten Aufenthaltes des Künstlers in Florenz geschaffen (1637). *Das bronzene Zeitalter* und *Das Eiserne Zeitalter* wurden hingegen 1641 vollendet.

In den vier Nischen auf den Fensterseiten sind weibliche Marmorfiguren untergebracht, die aus römischer Kaiserzeit stammen.

Ausschmückung des Gewölbes

1 - *Der Ruhm*
2 - *Die Tapferkeit*
3 - *Die glückliche Fügung*
4 - *Die Gerechtigkeit*
5 - *Die Weisheit*
6 - *Die römische Monarchie*
7 - *Die Monarchie der Sarazenen*
8 - *Die türkische Monarchie*
9 - *Die österreichische Monarchie*
10 - *Die assyrische Monarchie*
11 - *Die Monarchie der Meder*
12 - *Die persische Monarchie*
13 - *Die mazedonische Monarchie*

Über der Eingangstür

14 - *Allegorie des Handels*

Über der Ausgangstür

15 - *Allegorie der Gerechtigkeit*

Wand-Fresken vom Eingang links (im Uhrzeigersinn)

Pietro da Cortona
16 - *Goldenes Zeitalter*
17 - *Silbernes Zeitalter*
18 - *Bronzenes Zeitalter*
19 - *Eisernes Zeitalter*

16

1'

18

1'

Atrium mit Freitreppe von Luigi del Moro

Der Eingang zur neuen Galleria Palatina war bereits bei den Habsburg-Lothringern vorgesehen, die den Auftrag hierfür 1831 an Pasquale Poccianti übertrugen. Ab 1835 blieb der Eingang jedoch unvollendet und musste bis 1892 auf seine Fertigstellung warten, als die Savoyer das Vorhaben dem Architekten Luigi del Moro anvertrauten. Dieser entwarf die monumentale Treppe im neoklassizistischen Stil, die fünf Jahre darauf fertig gestellt wurde und noch heute zu sehen ist.

In der Mitte des Atriums

Antonio Rossellino und Benedetto da Maiano
Brunnen mit den mediceischen Heldentaten

Künstler aus dem Umkreis Tribolo
Putto hält ein Gefäß hoch
stammt aus der Medici-Villa in Castello, seit 1889 hier untergebracht

Außerdem in diesem Raum ausgestellt

Manufaktur aus Montelupo nach Zeichnungen von Giulio Parigi (1627)
Überreste des originalen Fußbodens des Ofensaals
emaillierter Terrakotta

Florentinische Manufaktur, 17. Jh.
Kommode in Form des Palazzo Pitti
Nussholz, natur

Florentinische Manufaktur, 18.-19. Jh.
Modell vom Palazzo Pitti
bemaltes Zypressen-Holz

Ilias-Saal (Sala dell'Iliade)

Der Ilias-Saal wurde 1815 von Ferdinando III. von Habsburg-Lothringen in die Reihe der „Planeten-Säle" der Galerie aufgenommen, die wiederum in mehrere Räume unterteilt sind, von denen einer 1689 von Cosimo III. de' Medici zum Raum des „Täuschungs-Spiels" (eine Art zeitgenössischem Billiard) bestimmt wurde; ein anderer hingegen wurde zur privaten Kapelle. Auf dem von Luigi Sabatelli ausgestalteten Gewölbe sind Szenen aus der *Ilias* XV. des Homer dargestellt, die mit dem trojanischen Krieg in Zusammenhang stehen. Im Zentrum sticht der von den Göttern des Olymp umringte Jupiter hervor.

In der Saal-Mitte

Lorenzo Bartolini
Caritas
Marmor, Inv. OdA 1911
Nr. 1538
um 1835
dok. im Palazzo Pitti 1836
L II. AL

Wand I

I-1
Jacopo Bassano-Werkstatt, 16. Jh.
Parabel vom Sämann
Leinwand, Inv. 1912
Nr. 177
GPF. M (1698)

I-2
Battista Franco (genannt „Semolei")
Die Schlacht von Montemurlo
Tafel, Inv. 1912 Nr. 144
um 1537
dok. im Palazzo Pitti 1561
C I. M (1537)

I-3
Frans Francken II.
Aufstieg zum Kalvarienberg
Tafel, Inv. 1912 Nr. 445
dok. im Palazzo Pitti 1834

I-4
Annibale Carracci
Christus' Ruhm und Heiligkeit
Leinwand, Inv. 1912 Nr. 220
um 1597-1598
GPF. M

Die Leinwand wurde etwa zwischen 1597 und 1598, in der römischen Phase des Künstlers, vom Kardinal Odoardo Farnese (1573-1626) in Auftrag gegeben, der im Bild unten rechts in betender Haltung dargestellt ist und Christus über den Hl. Eduard von England präsentiert wird.

Ursprünglich vermutlich für die Villa Caprarola bestimmt, gelang das Gemälde vom Prälat in seine – der Heiligen Maria Magdalena gewidmeten – Zelle im Kloster Camaldoli. Ende des 17. Jh.s erhielt es der Großfürst Ferdinando für seine eigene Sammlung und es gelang zeitgleich in den Palazzo Pitti.

I-5
Frans Pourbus der Jüngere
Bildnis der Henriette Maria von Frankreich
Leinwand, Inv. 1890
Nr. 2401
um 1612
dok. im Palazzo Pitti 1687 (?)

I-

I-6
Frans Pourbus
der Jüngere
Bildnis der Eleonora Gonzaga
Leinwand, Inv. 1912 Nr. 391
um 1603

I-7
Jan Cornelisz Vermeyen
Bildnis eines Mannes
Tafel, Inv. 1912 Nr. 223
um 1530
dok. seit 1793; dok. im Palazzo Pitti 1833

I-8
Raffael
Frauenbildnis („Die Schwangere“)
Tafel, Inv. 1912 Nr. 229
C. M (1666)

Das Potrait zeigt eine Dame aus wohlhabenden Verhältnissen, die ihre linke Hand auf ihren schwangeren Bauch legt. Es handelt sich um ein Werk, dass stilistisch und thematisch an das *Bildnis des Angelo und der Maddalena Doni* erinnert, mit dem es auch die Datierung auf die Jahre 1506-1507 in die zweite Hälfte des Florenz-Aufenthaltes Raffaels teilt. Der Zugang des Gemäldes in die Sammlung der Medici geht auf das Jahr 1666 zurück, in dem es in der Sammlung des Carlo de' Medici dokumentarisch aufgeführt wurde.

I-8

I-9
Andrea del Sarto
Mariae Himmelfahrt („Assunta Passerini“)
Tafel, Inv. 1912 Nr. 225
FII. M (1639)

Das Tafelbild wurde 1526 beim Künstler von Margherita Passerini, der Mutter des Kardinals Silvio – dem Bischof von Cortona und florentinischen Statthalter – in Auftrag gegeben, ebenso wie die prächtige

I-9

Wand-Bemalung nach Zeichnungen des Raffaellino del Garbo und Andrea del Sartos, die im Museum von Cortona aufbewahrt wird. Die Tafel, die 1528 in der Kirche Santa Maria dei Servi in Cortona gelangte, wiederholt die Komposition des wenig früher entstandenen Gemäldes *Assunta Panciatichi.* Im Vordergrund sind die Heiligen Nikolaus und Margherita dargestellt, wobei die letztere auf die Auftraggeberin anspielt. Es sollte 1639 durch die Schenkung eines Nachkommen in die Sammlung des Großherzogs Ferdinando II. gelangen.

I-10
Frans Pourbus der Jüngere
Bildnis der Christine von Frankreich
Leinwand, Inv. 1890 Nr. 2407
um 1612

I-11
Norditalienische Schule, 16. Jh.
Bildnis eines Mannes als heiliger Krieger
Tafel, Inv. 1912 Nr. 194
dok. seit 1769; dok. im Palazzo Pitti 1781

I-12
Justus Sustermans
Bildnis des Domenico Cresti (genannt Passignano)
Leinwand, Inv. 1890
Nr. 565
um 1635
L. M. (1675)

I-13
Ridolfo del Ghirlandaio (?)
Frauenbildnis
Tafel, Inv. 1912 Nr. 224
datiert 1509
dok. im Palazzo Pitti 1839
V. DR (1631)

I-14
Niccolò Soggi
Thronende Madonna mit Kind, Hl. Johannes der Täufer und Hl. Eustachius
Tafel, Inv. 1912 Nr. 77
um 1510
dok. seit 1786; dok. im Palazzo Pitti 1806

I-15
Carlo Dolci
Der Hl. Johannes der Evangelist
Leinwand, Inv. 1912
Nr. 217
signiert und datiert 1671
dok. seit 1704
C III. M (1687)

I-16
Girolamo da Carpi
Bildnis des Bischofs Onofrio Bartolini Salimbeni
Tafel, Inv. 1912 Nr. 36
um 1524
dok. seit 1704; dok. im Palazzo Pitti seit 1819

I-17
Justus Sustermans
Bildnis des Mattias de' Medici
Leinwand, Inv. 1912
Nr. 265
um 1660

Wand II

II-1
nach Tizian
Kopie vom *Bildnis Paulus III.*
Tafel, Inv. 1912 Nr. 326
16. Jh.
dok. im Palazzo Pitti 1761
V. DR (1631)

II-2
Tizian
Bildnis eines Mannes
Leinwand, Inv. 1912
Nr. 215
um 1540-1550
dok. seit 1621; dok. im Palazzo Pitti 1678

II-3
Federico Barocci (?)
Kopie der *Madonna des Hl. Hieronymus* von Correggio
Leinwand, Inv. 1912
Nr. 214
GPF. M (1699)

II-4
Scipione Pulzone
Bildnis einer Frau
Tafel, Inv. 1912 Nr. 205
signiert und datiert 1595 (?)

II-5
Scipione Pulzone
Bildnis einer Frau
Tafel, Inv. 1912 Nr. 210
um 1570
dok. im Palazzo Pitti 1819

II-6
Justus Sustermans
Bildnis des Kaisers Ferdinand II. von Österreich
Leinwand, Inv. 1912 Nr. 209
1623
L. M (1675)

II-7
Carlo Dolci
Moses
Leinwand, Inv. 1912 Nr. 213
um 1645
dok. seit 1691
V. DR (1695)

II-8
Fra' Bartolomeo
Thronende Madonna mit Kind und Heiligen („Pala Pitti")
Tafel, Inv. 1912 Nr. 208
signiert und datiert 1512
GPF. M (1690)

Das große Tafelbild ist mit „ORATE PRO PICTORE 1512" signiert und datiert und wurde für den Altar der Heiligen Katherina in San Marco in Florenz ausgeführt; es ersetzte das ein Jahr zuvor geschaffene Bild, das für eben diesen Altar geschaffen und von der Signoria dem französischen Botschafter geschenkt wurde (heute im Louvre). 1690 gelang es dem Großfürsten Ferdinando de' Medici, auch mithilfe des Eingreifens des Papstes, das Altarbild in seinen Besitz zu bringen und es in seine Wohngemächer im Palazzo Pitti zu überführen, indem er es zu Ausstellungszwecken vergrößern und mit dem aktuellen Rahmen versehen ließ.

II-8

II-9
Cristofano dell'Altissimo
Bildnis des Francesco I. de' Medici
Tafel, Inv. 1912 Nr. 206
um 1562
F I. M (vor 1609)

II-10
Scipione Pulzone
Bildnis einer Frau
Tafel, Inv. 1912 Nr. 211
um 1595

II-11
Justus Sustermans
Bildnis der Eleonora Gonzaga
Leinwand, Inv. 1912 Nr. 203
1623
L. M (1675)

II-12
Ridolfo del Ghirlandaio
Bildnis eines Mannes („der Goldschmied")
Tafel, Inv. 1912 Nr. 207
um 1515-1517
L. M (1668)

II-13
Giovanni Bilivert
Erzengel Raphael und Tobias
Leinwand, Inv. 1912 Nr. 202
datiert 1612, mit Siegel: GB
L II. AL (1832)

II-14
Artemisia Gentileschi
Die Hl. Maria Magdalena
Leinwand, Inv. 1912 Nr. 142
um 1620
signiert

II-15
Tizian und Werkstatt
Bildnis des Filippo II. von Spanien
Leinwand, Inv. 1912 Nr. 200
um 1550
dok. seit 1560; dok. im Palazzo Pitti 1687
C I. M

Wand III

III-1
Jacopo und Francesco Bassano-Werkstatt, 16. Jh.
Cristus im Hause von Maria und Martha
Leinwand, Inv. 1912 Nr. 236
dok. seit 1723

III-2
Justus Sustermans
Bildnis des Leopoldo de' Medici
Leinwand, Inv. 1890 Nr. 4343
um 1660

III-3
Artemisia Gentileschi
Judith mit dem Haupt des Holofernes
Leinwand, Inv. 1912 Nr. 398
dok. im Palazzo Pitti 1637
CII. M ?

Das Gemälde gehört zu den bekanntesten Werken der Tochter des Malers Orazio, die sich bereits im September 1613 im Dienste des Großherzogs Cosimo II. in Florenz befand, für den sie dieses Bild vermutlich zwischen 1613 und 1618 schuf. Die Künsterlin griff bei der Figur der biblischen Heldin und ihrer Helferin mit dem Kopf des Holofernes im Korb auf den Stil ihres Vaters und damit auf die elegante und leuchtende Farbgebung Caravaggios zurück.

III-4
Paolo Veronese und Werkstatt
Der Hl. Bernhard und Heilige
Leinwand, Inv. 1912 Nr. 196
datiert 1572
dok. seit 1648; dok. im Palazzo Pitti 1699
GPF. M (1699)

III-5
Venetische Schule (?), 16. Jh.
Bildnis eines Mannes
Leinwand, Inv. 1912 Nr. 193
dok. im Palazzo Pitti 1828

III-3

II

III-6
Frans Pourbus
der Jüngere (?)
Bildnis der Maria de' Medici
Leinwand, Inv. 1912 Nr. 192
um 1610
dok. seit 1810

III-7
Andrea del Sarto
Maria mit Kind
Tafel, Inv. 1912 Nr. 476
1528-1530
F I. M (1579)

III-8
Andrea del Sarto
Mariae Himmelfahrt („Assunta Panciatichi")
Tafel, Inv. 1912 Nr. 191
MM. A (1602); GPF. M (1687)

Die Tafel war ursprünglich für den Altar der Panciatichi-Kapelle in der zerstörten Kirche Notre-Dame de Confort in Lyon bestimmt. 1522 von dem florentinischen Kaufmann Bartolomeo dem Älteren in Auftrag gegeben, erreichte sie jedoch nie ihren Bestimmungsort, da der Holzträger, der vom berühmten Tischler und Architekten Baccio d'Agnolo gefertigt wurde, Mängel aufwies. Das Bild wechselte mehrmals den Besitzer, bis es 1602 von der Großherzogin Maria Magdalena von Österreich, der Gemahlin von Cosimo II., erworben wurde.

III-9
Emilianische Schule, 17. Jh.
Bildnis des Scipione Nerchi Mutolo
Leinwand, Inv. 1912 Nr. 189
dok. im Palazzo Pitti 1828

III-10
Frans Pourbus
der Jüngere
Bildnis der Eleonora de' Medici
Leinwand, Inv. 1912 Nr. 187
um 1600-1609
dok. 1645
L. M (1675)

III-8

III-11
Justus Sustermans
Bildnis des Waldemar Christian von Dänemark
Leinwand, Inv. 1912 Nr. 190
1638-1639
F II. M

III-12
Paolo Veronese
Taufe Christi
Leinwand, Inv. 1912
Nr. 186
F II. M (1668); GPF. M

Das Gemälde wurde 1668 als Ankauf des Großherzogs Ferdinando II. de' Medici aus Ancona in den Palazzo Pitti überführt. Es ging daraufhin in die Sammlung des Großfürsten über, der es erweitern ließ, um es den Maßen des Werkes *Der Hl. Bernhard und Heilige* anzupassen, welches von demselben Künstler und seiner Werkstatt geschaffen und 1699 vom Großfürsten erworben und ebenfalls in diesem Saal ausgestellt wurde. Das Werk wird aufgrund seiner stilistischen Nähe zur 1583 datierten *Magdalena* im Prado-Museum in das Spätwerk des Veronesen eingeordnet.

III-13
Francesco Bassano
Gebet Christi im Garten Gethsemane
Leinwand, Inv. 1912 Nr. 443
um 1580-1590
dok. 1660
V. DR (1691)

III-14
Justus Sustermans
Bildnis von Ferdinando II. de' Medici
Leinwand, Inv. 1912 Nr. 415
um 1635
L. M (1675)

III-15
Diego Velázquez (?)
Reiterbildnis des Filippo IV. von Spanien
Leinwand, Inv. 1912 Nr. 243
um 1635-1637
dok. im Palazzo Pitti 1828

Wand IV

IV-1
Rosso Fiorentino
Madonna mit Kind und Heiligen (Pala Dei)
Tafel, Inv. 1912 Nr. 237
GPF. M (1691)

Das 1522 signierte und datierte Tafelbild wurde für die Kapelle der Familie Dei in der Kirche Santo Spirito ausgeführt, nachdem Raffael 1508 die Vorgänger-Tafel unvollendet gelassen hatte, welche besser bekannt ist unter dem Namen *Baldachin-Madonna* (Saturn-Saal, II-1). Als Meisterwerk des frühen Schaffens des Künstlers zeichnet sich das Bild durch die gewollte Anhäufung der Figuren um die Madonna und das Kind herum und die intensive und leuchtende Farbgebung aus. Das Werk wurde durch Niccolò Cassana an allen Seiten erweitert und malerisch angepasst, um dem Anspruch an die Symmetrie mit den anderen großformatigen Werken des Großfürsten Ferdinandos gerecht zu werden, der es 1691 erworben hatte.

IV-2
nach Tizian, 17. Jh.
Kopie von *Bacchus und Ariadne*
Leinwand, Inv. 1912 Nr. 157
dok. seit 1638
GPF. M (1697)

IV-3
Domenichino
Die Hl. Maria Magdalena
Leinwand, Inv. 1912 Nr. 176
um 1620-1630
F III. AL (1819)

IV-4
Paolo Veronese
Darbringung Christi im Tempel
Leinwand, Inv. 1912 Nr. 269
F II - F III AL (1793)

IV

Saturn-Saal (Sala di Saturno)

Der Saal ist nach dem Gott Saturn benannt; sein Gewölbe ist von 1663 bis 1665 von Ciro Ferri nach Entwürfen von Pietro da Cortona ausgestaltet worden und zeigt den Medici-Fürsten bereits in hohem Alter. Der Raum schloss die Reihe der Säle der fünf Planeten ab, die von Pietro da Cortona freskiert wurden, und war ursprünglich zum privaten Audienz-Saal des Großherzogs Ferdinando II. bestimmt, der auch sein Auftraggeber war.

Wand I

I-1
Justus Sustermans
Bildnis der Anna de' Medici
Leinwand, inv. 1912 Nr. 323
um 1635

I-2
Florentinische Schule (?), 17. Jh.
Bildnis eines Künstlers
Leinwand, Inv. 1912 Nr. 447
dok. 1704; dok. im Palazzo Pitti 1828

I-3
Carlo Dolci
Bildnis der Großherzogin Vittoria della Rovere
Leinwand, Inv. 1912 Nr. 404
um 1680
dok. im Palazzo Pitti 1702-1710
C III. M

I-4
Sebastiano del Piombo
Martyrium der Hl. Agathe
Tafel, Inv. 1912 Nr. 179
signiert und datiert 1520
dok. 1624
V. DR (1631)

I-5
Justus Sustermans
Bildnis des Kanonikers Pandolfo Ricasoli
Leinwand, Inv. 1912 Nr. 401
um 1630
F II. M

I-6
Jacopo Bassano
Adam und Eva
Leinwand, Inv. 1912 Nr. 170
um 1560
L. M (1654)

I-7
Raffael
Madonna mit Kind („Madonna des Großherzogs")
Tafel, Inv. 1912 Nr. 178
F III. AL (1799)

Zwischen 1506 und 1508 ausgeführt war das Gemälde ursprünglich zur Andacht einer florentinischen Familie bestimmt und wurde 1799 erworben, um es dem Großherzog Ferdinando III. v. Habsburg-Lothringen zu senden, der sich damals im Exil befand. Dieser wollte das Bild stets in seiner Nähe wissen und bewahrte es unter seinen kostbarsten Dingen auf (daher der Beiname). Der dunkle Bildgrund scheint nicht von der Hand Raffaels zu stammen, sondern Folge einer Übermalung im 17. Jh. zu sein, die aufgrund von geschmacklichen Veränderungen und aus kommerziellen Gründen durchgeführt wurde.

I-7

I-8
Andrea del Sarto
Disput über die Dreifaltigkeit
Tafel, Inv. 1912 Nr. 172
um 1517
C. L

Das signierte Tafelbild wurde um 1517 für den Altar Peri in der zerstörten Augustinerkirche San Gallo angefertigt und stellt den Heiligen Augustin, der den Heiligen Lorenz, Petrus dem Märtyrer, Franziskus, Maria Magdalena und Sebastian vom Mysterium der Dreifaltigkeit erzählt; diese ist dargestellt durch den kleinen Gottvater und Christus in einer auf den Heiligen Geist anspielenden Wolke. 1529 in der Kirche San Jacopo tra' Fossi untergebracht, wurde die Tafel 1626 auf Anweisung der Großherzogin Christine von Lothringen, der Witwe des Großherzogs Ferdinando I., in den Palazzo Pitti überführt.

I-

I-9
Guercino-Werkstatt
Die Tränen des Hl. Petrus
Tafel, Inv. 1912 Nr. 168
Mitte des 17. Jh.s
dok. 1706
GPF. M (1713)

I-10
Sodoma-Werkstatt
Ecce Homo
Tafel, Inv. 1912 Nr. 374
Mitte des 16. Jh.s

I-11
Annibale Carracci
Männlicher Kopf
Leinwand, Inv. 1912 Nr. 166
um 1590-1592

I-12
Domenico Puligo
Die Hl. Familie mit dem Johannesknaben
Tafel, Inv. 1912 Nr. 169
um 1525
dok. 1589; dok. im Palazzo Pitti 1791

I-

I-13
Jacopo
Bassano-Werkstatt
Parabel vom Sämann
Leinwand, Inv. 1912 Nr. 177
2. Hälfte des 16. Jh.s
dok. im Palazzo Pitti 1829

I-14
Raffael
Bildnis des Tommaso 'Fedra' Inghirami
Tafel, Inv. 1912 Nr. 171
L. M

Der Portraitierte war Dichter, Literat und Freund von Leo X. Medici und wurde aufgrund seiner erfolgreichen Interpretation der Phädra im *Hippolytus* von Seneca auch Fedra genannt. 1510 wurde er zum Präfekten der Vatikanischen Bibliothek ernannt und wollte dieses Ereignis vermutlich feiern, indem er sich von Raffael portraitieren ließ. Das Bildnis wurde vom Kardinal Leopoldo de' Medici im Verlauf des 17. Jh.s erworben und ist mittlerweile im Gegensatz zu einer anderen Version des Bildes im Isabella Stewart Gardner Museum in Boston als eigenhändig von Raffael anerkannt.

Wand II

II-1
Raffael
Thronende Madonna mit Kind und Heiligen („Baldachin-Madonna")
Tafel, Inv. 1912 Nr. 165
1507-1508
GPF. M (1697)

Das Altarbild wurde um 1507 von der Familie Dei für ihren Altar in der Kirche Santo Spirito in Auftrag gegeben, blieb jedoch unvollendet wegen der Abreise Raffaels nach Rom im darauffolgenden Jahr. Der Auftrag sollte an Rosso Fiorentino übergehen, der das 1522 datierte und signierte Tafelbild schließlich ausführte; welches im Ilias-Saal der Galleria Palatina ausgestellt ist. Es befand sich bis 1697 im Dom von Pescia, als es vom Großfürsten Ferdinando de' Medici in den Palazzo Pitti überstellt werden sollte, wo es an allen Seiten erweitert wurde, um sich symmetrisch in das Gesamtbild einzufügen.

II-1

II-2

II-2
Raffael
Bildnis des Agnolo Doni
Tafel, Inv. 1912 Nr. 61
LII. AL

Raffael wurde um 1505 mit dem Bildnis des Agnolo und dem seiner Gemahlin Maddalena Strozzi beauftragt, welches gemeinsam mit einem Appell an die Fruchtbarkeit der Eheleute auf der Rückseite entstand – bestehend aus der *Sintflut* und der *Entwicklung der Menschheit nach der Sintflut*, die vom sogenannten „Meister aus Serumido“ in Chiaroscuro (Hell-Dunkel-Malerei) geschaffen wurde.

Sie wurden vermutlich im Schlafzimmer der Eheleute aufbewahrt, wo sich auch der *Tondo Doni* von Michelangelo befand (heute in den Uffizien). 1826 wurden die Gemälde von den Erben an den Großherzog Leopold II. von Habsburg-Lothringen verkauft.

II-3
Raffael
Vision des Hesekiel
Tafel, Inv. 1912 Nr. 174
Fr I. M

Die Ikonographie dieses kleinen Gemäldes ist umstritten, üblicherweise wird es als die Vision des Propheten Hesekiel interpretiert; dem der Gottvater in der Glorie und die Sinnbilder der vier Evangelisten erscheinen. Bei der kleinen Darstellung links unten könnte es sich jedoch um den Hl. Johannes den Evangelisten handeln, der nach den Schriften Patmos eine identische Vision hatte, die in der Apokalypse beschrieben ist. Das Bild wurde zwischen 1516 und 1518 für den Bologneser Vincenzo Ercolani ausgeführt und in den 70er Jahren von seinem Bruder – einem florentinischen Botschafter – dem Großherzog Francesco I. de' Medici als Schenkung überlassen.

II-4
Raffael
Bildnis der Maddalena Doni
Tafel, Inv. 1912 Nr. 59
LII. AL

Siehe Gemälde Nr. II-2.

II-5
Perugino
Beweinung Christi
Tafel, Inv. 1912 Nr. 164
signiert und datiert 1495

Das große Tafelbild, das 1495 datiert und signiert wurde, ist eines der bekanntesten Werke Peruginos und wurde für die Kirche Santa Chiara geschaffen. Die Kirche bildete ein Zentrum für die Verehrung und den Pietismus des Savonarola; hier befand sich auch die *Anbetung der Hirten* von Lorenzo di Credi der Uffizien. Infolge der Niederschlagung der Kirche und des Klosters wurde das Bild 1808 erworben, in die Galleria dell'Accademia überführt und von dort aus in den Palazzo Pitti, wo es bereits 1819 verzeichnet wurde.

II-6
Fra Bartolomeo
Auferstandener Cristus mit Evangelisten („Salvator mundi“)
Tafel auf Leinwand übertragen, Inv. 1912 Nr. 159
signiert und datiert 1516
C. M (um 1631)

II-7
Justus Sustermans
Madonna
Leinwand, Inv. 1912 Nr. 160
L. M (1675)

II-8
Bonifazio Veronese
Moses aus dem Wasser gerettet
Tafel, Inv. 1912 Nr. 161
um 1540
L. M (1675)

II-9
Federico Barocci-Werkstatt
Bildnis eines Mannes
Leinwand, Inv. 1912 Nr. 162
V. DR (1631)

Auf der Konsole

Valsoldo (?)
Bildnis des Papstes Leo XI.
Marmor, Inv. Sculture Nr. 175
um 1605
dok. im Palazzo Pitti 1793

Wand III

III-1
Florentinische Schule, 16. Jh.
Bildnis einer Frau
Tafel, Inv. 1912 Nr. 439
um 1580-1590

III-2
Pier Francesco Mola (?)
Ein studierter Dichter
Leinwand, Inv. 1912 Nr. 181
dok. im Palazzo Pitti 1828

III-3
Raffael (?)
Bildnis des Kardinals Bernardo Dovizi da Bibbiena
Leinwand, Inv. 1912 Nr. 158
GC. M (1637)

II-3

II-5

III-4
Andrea Schiavone
Kain und Abel
Leinwand, Inv. 1912
Nr. 152
um 1542
L. M (1664)

III-5
Carlo Dolci
Die Hl. Rosa von Lima
Leinwand, Inv. 1912
Nr. 155
1668

III-6
Carlo Dolci
Der Traum des Hl. Johannes
Leinwand, Inv. 1912
Nr. 154
um 1670-1674
V. DR

III-

III-7
nach Correggio
Putto
Tafel, Inv. 1912 Nr. 153
dok. im Palazzo Pitti
1715-1723
C III. M

III-8
Empoli
Bildnis des Giovan Battista Gambetti
Tafel, Inv. 1890 Nr. 2124
signiert und datiert 1594
dok. 1814; dok. im Palazzo Pitti 1828

III-9
Giovanni da San Giovanni-Umkreis
Madonna mit Kind
Leinwand, Inv. 1912
Nr. 396
1. Hälfte des 17. Jh.s
L. M (1675)

III-10
Raffael
Madonna mit Kind und dem Johannesknaben („Madonna della seggiola“)
Tafel, Inv. 1912 Nr. 151
um 1513-1514
FI. M (1589)

Als Meisterwerk unter den bekanntesten Gemälden Raffaels wurde das Tondo zwischen 1513-1514 geschaffen und stellt Maria in farbenprächtiger Kleidung als eine aus dem Volk dar, die jedoch auf einem dem päpstlichen Hof vorbehaltenen Stuhl Platz nimmt (darauf geht der Beiname des Werkes zurück). Im Arm hält Maria das pummelige Jesuskind, während der Johannesknabe betend zu den beiden hinüberschaut; insgesamt ist die Szene von großer zärtlicher Intimität geprägt. Das Werk ist seit 1589, zu Zeiten des Großherzogs Ferdinando I. de' Medici, in der Medici-Sammlung aufgeführt und wurde eventuell vom Papst Leo X. Medici in Auftrag gegeben.

III-11
Andrea del Sarto
Mariae Verkündigung
Tafel, Inv. 1912 Nr. 163
1528
dok. 1534
F I. M. (1584)

III-12
Orlando Flacco
Bildnis einer Frau
Leinwand, Inv. 1912
Nr. 414
dok. im Palazzo Pitti 1744
GC. M

III-13
Perugino-Werkstatt
Madonna mit Kind und zwei Heiligen
Tafel, Inv. 1912 Nr. 340
um 1490-1500
dok. im Palazzo Pitti 1806

III-14
Francesco Montemezzano
Bildnis einer Frau
Leinwand, Inv. 1912 Nr. 37
L. M (1675)

Wand IV

IV-1
Guercino
Der Hl. Sebastian
Leinwand, Inv. 1912
Nr. 490
1652
GC. M (1653)

IV-2
Alessandro Tiarini
Adam und Eva beweinen den Tod Abels
Leinwand, Inv. 1912
Nr. 488
um 1630-1640
dok. im Palazzo Pitti 1698

Auf den Konsolen

Ottaviano Giovannozzi
Büste des Leopold II. von Lothringen
Marmor, Inv. 1912 Nr. 885
signiert und datiert 1823

Ottaviano Giovannozzi
Büste des Ferdinand III. von Lothringen
Marmor, Inv. 1912 Nr. 886
signiert und datiert 1822

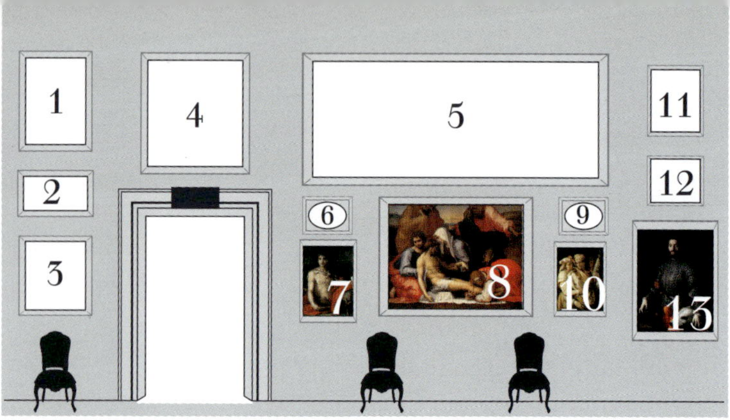

Jupiter-Saal (Sala di Giove)

Dieser und der Saturn-Saal waren ursprünglich von Ferdinando II. de' Medici zur öffentlichen und privaten Audienz bestimmt. Der Großherzog beauftragte Pietro da Cortona zwischen 1642 und 1644 das Gewölbe mit den Fresken der Bekrönung des jungen Fürsten durch Jupiter zu versehen, wobei der Göttervater Jupiter die königlichen Tätigkeiten in den Räumen unterstreichen sollte.

In der Saal-Mitte

Vincenzo Consani
Viktoria
Marmor, Inv. OdA 1911
Nr. 1540
1867

Wand I

I-1
Guercino und Werkstatt
Madonna mit Kind und Engel („Madonna della rondinella")
Leinwand, Inv. 1912
Nr. 156
L. M (1675)
dok. im Palazzo Pitti 1687

I-2
Guercino
Die Hl. Familie
Leinwand, Inv. 1912
Nr. 132
um 1615-1616
dok. im Palazzo Pitti 1819

I-7

I-3
Perugino
Anbetung des Jesuskindes („Madonna del Sacco")
Tafel, Inv. 1912 Nr. 219
um 1500
dok. 1635; dok. im Palazzo Pitti 1819

I-4
Carlo Dolci
Die Tränen des Hl. Petrus
Leinwand, Inv. 1912 Nr. 91
rückseitig datiert auf 1654
V. DR (1691)

I-5
Peter Paul Rubens-Werkstatt
Nymphen und Satyrn
Leinwand, Inv. 1912 Nr. 141
GPF. M (1698)

I-6
Francesco Albani
Die Hl. Familie mit zwei Engeln
Kupferstich, Inv. 1912 Nr. 175
V. DR (1691)

I-7
Andrea del Sarto
Der Hl. Johannes der Täufer
Tafel, Inv. 1912 Nr. 272
C I. M (1553)
Das Tafelbild bildete den zentralen Teil eines Cassone (Truhe), die von Baccio d'Agnolo im Vorzimmer der Wohngemächer des Giovan Maria Benintendi umgesetzt wurde und auf deren Seiten sich Pontormos *Die Anbetung der drei Könige* (Pometheus-Saal, I-5), *Die Taufe Christi* von Bachiacca (in Berlin), *Die Legende des Königs (Das Leichenschießen)* (in Dresden) von Bachiacca und *Die Batseba* von Franciabigio befanden; letztere als einziger Verweis auf das Entstehungjahr 1523, indem vermutlich der gesamte Komplex entstand.

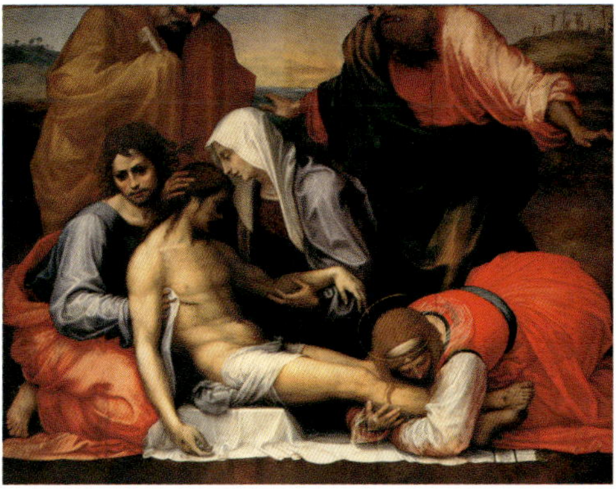
I-8

I-8
Fra' Bartolomeo
Beweinung Christi
Tafel, Inv. 1912 Nr. 64
1511
C. M (1619)
Das Werk wurde um 1511 für den Hauptaltar der Kirche San Gallo geschaffen und 1529, infolge der Zerstörung der Kirche während der Besetzung, in die Kirche San Jacopo tra' Fossi gebracht, bis es schließlich 1619 vom Kardinal Carlo de' Medici angekauft wurde. Die Kürzung des Gemäldes um knapp ein Drittel in der Höhe und der damit verbundene Verlust der Köpfe der Heiligen Petrus und Paulus und des Hintergrundes führten zu einer schwarzen Übermalung, von der lediglich die Figuren im Vordergrund ausgespart blieben. Diese wurde bei einer neuerlichen Restaurierung beseitigt, wodurch die Komposition – obwohl sie auf ein Teilstück reduziert ist – ihre ursprüngliche Ausstrahlung großer Frömmigkeit zurückgewinnen konnte.

I-9
Francesco Albani
Der auferstandene Christus erscheint Maria
Kupferstich, Inv. 1912 Nr. 173
um 1650-1660
dok. im Palazzo Pitti 1799

I-10

I-10
Francesco Salviati
Die drei Parzen
Tafel, Inv. 1912 Nr. 113
GPF. M
Auf dem Gemälde ist das ikonographisch eher seltene Thema der drei Parzen dargestellt, von denen man als mythologische Figuren annahm, dass sie über das Lebensalter des Menschen entscheiden konnten. Zu sehen sind Klotho mit dem Spinnrocken, Lachesis mit dem Faden und Atropos im Begriff den Faden abzuschneiden. Das Werk wurde vormals, als es zur Sammlung des Großfürsten Ferdinando de' Medici gehörte, Michelangelo zugeschrieben, wird aber mittlerweile einstimmig als reifes Werk des Salviati anerkannt und um 1550 datiert.

I-13

I-11
Cigoli
Bildnis eines Mannes
Leinwand, Inv. 1912
Nr. 226
signiert und datiert 1594
L. M (1675)

I-12
Cesare Gennari
Die Hl. Familie
Leinwand, Inv. 1912
Nr. 332
signiert und datiert 1674
L. M (1674)

I-13
Bronzino
Bildnis des Guidobaldo II. della Rovere
Tafel, Inv. 1912 Nr. 149
V. DR (1631)

Bronzino führte das Bildnis des Thronfolgers von Urbino bis spätestens 1532 in Pesaro aus, als dieser 18 Jahre alt war, wie die angefügte lateinische Inschrift wiedergibt. Der griechische Ausspruch „es wird so sein, wie ich will“ soll einen guten Einfluss auf das Schicksal des Jünglings erwirken. Jener wünschte, mit dem Anfertigen seines Portraits bis zum Eintreffen der prächtigen Rüstung zu warten, die man als Geburtstagsgeschenk aus der Lombardei kommen ließ und die von einigen für die im Musée de l’Armée (Heeres-Museum) in Paris aufbewahrte, ähnlichen Rüstung gehalten wird.

Wand II

II-1
Justus Sustermans
Bildnis des Speisen-Beauftragten Leonido
Leinwand, Inv. 1912
Nr. 419
um 1620-1630
dok. im Palazzo Pitti 1687

II-2
Carlo Dolci
Bildnis eines Mannes
Leinwand, Inv. 1912
Nr. 316
dok. 1649

II-3
Justus Sustermans-Werkstatt
Bildnis des Galileo Galilei
Leinwand, Inv. 1912
Nr. 106
um 1640
F II. M

II-4
Justus Sustermans
Bildnis des Seeheerführers Elia da Zia
Leinwand, Inv. 1912
Nr. 119
um 1630-1637
dok. im Palazzo Pitti 1637

II-5
Fra’ Bartolomeo
Der Hl. Markus
Tafel auf Leinwand übertragen, Inv. 1912 Nr. 125
1515
dok. 1515
GPF. M (1690)

II-6
Andrea del Sarto
Mariae Verkündigung
Tafel, Inv. 1912 Nr. 124
signiert
um 1513-1514
MM. A (1627)

II-7
Andrea del Sarto
Madonna mit Heiligen („Pala di Poppi“)
Tafel, Inv. 1912 Nr. 123
um 1530
F III. AL (1818)

II-8
Justus Sustermans
Bildnis des Ferdinando II. de’ Medici als Türke gekleidet
Leinwand, Inv. 1890
Nr. 2334
um 1640-1642

III-7

II-9
nach Annibale Carracci
Kopie der *Madonna mit Kind und dem Johannesknaben*
Leinwand, Inv. 1912 Nr. 425
L. M. (1675)
dok. im Palazzo Pitti 1761

II-10
Jacopo Vignali
Der Hl. Franziskus von Assisi in Ekstase
Kupferstich, Inv. 1912 Nr. 356
um 1620
L. M. (1675)

II-11
Augsburger Schule, 16. Jh.
Bildnis des Jakobiners Ungelter
Leinwand, Inv. 1912 Nr. 33
um 1556
GG. M

II-12
Andrea del Verrocchio
Der Hl. Hieronymus
Papier geleimt auf Tafel
Inv. 1912 Nr. 370
um 1460-1470
dok. im Palazzo Pitti 1675
GC. M (1646)

Wand III

III-1
Domenico e Valore Casini (?)
Bildnis des Simone Paganucci
Leinwand, Inv. 1912 Nr. 117
GPF. M (1713)

III-2
Guercino
Moses
Leinwand, Inv. 1912 Nr. 103
um 1620-1630
dok. 1796

III-3
Peter Paul Rubens
Die Hl. Familie mit der Hl. Elisabeth und dem Johannesknaben („Madonna della cesta“)
Tafel, Inv. 1912 Nr. 139
um 1615
dok. 1652; dok. im Palazzo Pitti 1761
GPF. M (1697)

III-4
Borgognone
Die Schlacht
Leinwand, Inv. 1912 Nr. 112
um 1650
dok. im Palazzo Pitti 1824

III-5
Orazio Gentileschi
Die Hl. Agnes
Tafel, Inv. 1912 Nr. 420
F II. M (1633)

III-6
Florentinische Schule, 16. Jh.
Doppelbildnis
Tafel, Inv. 1912 Nr. 118
dok. im Palazzo Pitti 1782
A. M (1588-1621)

III-7
Raffael
Dame mit Schleier („La Velata“)
Leinwand, Inv. 1912 Nr. 245
C II. M (1620)

Das Gemälde gilt als ein Meisterwerk des römischen Künstlers und wurde 1515 nach venetischer Art auf Leinwand gemalt, ebenso wie der *Baldassarre Castiglione* des Louvre. Das Mädchen wurde ohne jegliche Grundlage für die Geliebte Raffaels gehalten und gewöhnlich mit der „Fornarina“ gleichgesetzt. Das edle Kleid und der weiss-goldene Damaststoff des ausgreifenden Ärmels, die Art und Kostbarkeit des Schmucks und das Seidentuch auf dem Kopf stehen jedoch im klaren Widerspruch zu der ersten Interpretation und weisen eher auf die Verhältnisse einer verheirateten Dame hin. Das Werk befand sich ehemals in der Sammlung Botti aus Florenz und gelangte 1620 dank dem Großherzog Cosimo II. de' Medici in den Palazzo Pitti.

III-8
Niccolò Cassana
Kopie der *Verschwörung des Catilina* von Salvator Rosa
Leinwand, Inv. 1912 Nr. 111
GPF. M (1713)

III-9
Frans Pourbus der Jüngere
Bildnis eines Mannes
Leinwand, Inv. 1912 Nr. 244
um 1600-1609
L. M (1675)

III-10
Paris Bordon
Bildnis einer Frau
Leinwand, Inv. 1912 Nr. 109
um 1550-1555
L. M (1675)

III-11
Giorgione
Die drei Menschenalter
Tafel, Inv. 1912 Nr. 110
GPF. M (1698)

Die dargestellten Personen spielen auf die drei Lebensalter des Menschen an und versammeln sich um ein Notenblatt, das ein Stimmenkonzert – ein damals äußerst beliebtes Sujet im Norden Italiens – symbolisiert. Das 1500 in Venedig geschaffene Werk wurde 1698 in der Sammlung des Großfürsten Ferdinando de' Medici dokumentiert und weist, trotz der Schäden durch ältere Restaurierungsarbeiten, noch immer die dem Künstler aus Castelfranco Veneto eigene geheimnisvolle Atmosphäre auf, die dieser wohl von Leonardo übernahm.

II

Wand IV

IV-1
nach Guido Reni
Die Hl. Elisabeth
Leinwand, Inv. 1912 Nr. 395
L. M (1675)

IV-2
nach Federico Barocci
Segnender Christus
Leinwand, Inv. 1912 Nr. 101
V. DR (1631)

IV-3
Florentinische Schule, 17. Jh.
Die Hl. Katharina von Alexandrien
Leinwand, Inv. 1890 Nr. 802
dok. im Palazzo Pitti 1928

IV-4
Giovanni Lanfranco
Ekstase der Hl. Margherita von Cortona
Leinwand, Inv. 1912 Nr. 318
GPF. M (1701-1702)

Das Werk wurde 1622 datiert und signiert und stellt die Heilige in der Kleidung des Tertiarordens dar, im Moment der Ergriffenheit, ausgelöst durch die Erscheinung Christi in der Glorie inmitten von Engeln. Unten links hält ein kleiner Hund das Familienwappen der Venuti, die sich hiermit als Auftraggeber des Werks für die eigene Kapelle in der Kirche Santa Maria Nuova in Cortona ausweisen. Das Bild gelang zwischen 1701 und 1702 in die Sammlung des Großfürsten Ferdinando, der ein Werk des Giuseppe Maria Crespi mit diesem ersetzte.

IV-5
Venetische Schule, 16. Jh.
Bildnis eines Mannes
Leinwand, Inv. 1912 Nr. 390
L. M (1675)

IV-6
Bartolomeo Schedoni
Die Hl. Familie mit dem Johannesknaben
Tafel, Inv. 1912 Nr. 304
um 1609
L. M (1675)

IV-7
Florentinische Schule, 17. Jh.
Die Hl. Agatha
Leinwand, Inv. 1890 Nr. 803
dok. 1853; dok. im Palazzo Pitti 1928

IV-4

Mars-Saal (Sala di Marte)

Dieser Saal war ursprünglich als Vorzimmer des Jupiter-Saals oder aber des Throns, wo der Großherzog seine Audienzen abhielt, gedacht. Zwischen 1643-1644 und 1647 von Pietro da Cortona mit Fresken ausgestaltet, zeigt das Gewölbe eine Seeschlacht und den jungen Fürsten, wie er die Feinde mit der Hilfe von Mars besiegt. Im Zentrum der Darstellung sticht das große, von Putten getragene Medici-Wappen mit der Herzogskrone hervor.

Wand I

I-1
Cigoli
Die büßende Maria Magdalena
Leinwand, Inv. 1912 Nr. 98
um 1600
dok. im Palazzo Pitti 1663

I-2
Guercino-Werkstatt
Der Hl. Sebastian
Leinwand, Inv. 1912 Nr. 99
1652
F III. AL

I-3
Andrea del Sarto
Verkündigung mit dem Erzengel Michael und dem Hl. Gaudenzius
Leinwand, Inv. 1912 Nr. 97
um 1527-1528
CC. M (1627)

I-4
Pieter van Mol
Die Ekstase des Hl. Franziskus von Assisi
Leinwand, Inv. 1912 Nr. 93
mit Siegel: P.V.MOL
GPF. M (1697)

I-

I-5
Bartolomé Esteban Murillo
Maria mit Kind
Leinwand, Inv. 1912 Nr. 63
F III.AL (1822)
Als hochberühmtes Gemälde ist es unzählige Male kopiert und reproduziert worden. Es war das erste von zwei Gemälden, das in die Galleria Palatina gelangte und das der Großherzog Ferdinando III. von Habsburg-Lothringen gekauft haben muss, da es 1822 in einem Zitat bereits als Bestandteil der Sammlung bezeichnet wird. Das Werk gehört zu einer Reihe von Darstellungen der Madonna mit Kind, die der spanische Künstler in jungen Jahren schuf, nämlich zwischen 1650 und 1655. Zu dieser Reihe gehört ebenfalls die Ausgabe des Bildes im Prado-Museum, das als eine Vorgängerversion des hier beschriebenen betrachtet wird.

I-6
Ventura Salimbeni
Die Hl. Familie mit der Hl. Elisabeth und dem Johannesknaben
Leinwand, Inv. 1912 Nr. 45
signiert und datiert 1608
dok. 1687

I-7
Peter Paul Rubens
Selbstbildnis mit dem Bruder Phillip, Justus Lipsius und Jan Woverius („Die vier Philosophen")
Tafel, Inv. 1912 Nr. 85
dok. im Palazzo Pitti seit dem Ende des 17. Jh.s
Man kennt weder den Auftraggeber noch die Herkunft dieses berühmten Gemäldes, das Ende des 17. Jh.s dokumentarisch in der Sammlung des Palazzo Pitti aufgeführt ist. Von links nach rechts erkennt man die Portraits des Künstlers selbst, seines Bruders Phillip (1574-1611), der Schüler des Philosophen Justus Lipsius (1547-1606) war, der daneben mit einer Überweste aus Pelz dargestellt ist, und schließlich des Jan Woverius (1576-1635), der ebenfalls Schüler von Lipsius war. Das Gemälde entstand wohl 1611/1612 zum Gedenken an diese auserwählte intellektuelle Akademie, da die beiden mittig Dargestellten zur Entstehungszeit des Werkes bereits verstorben waren. Es wird vermutet, das Woverius Rubens mit dem Bild beauftragte, um so seiner verstorbenen Freunde zu gedenken.

I-8
Jan van den Hoecke
Kopie der *Madonna mit Kind, der Hl. Elisabeth und dem Johannesknaben* von Rubens
Leinwand, Inv. 1912
Nr. 235
GPF. M (1698)

I-7

I-9
Bartolomé Esteban Murillo
Maria mit Kind („Madonna mit dem Rosenkranz")
Leinwand, Inv. 1912 Nr. 56
um 1648-1650
F III. AL (1822)

Wand II

II-1
Fra' Bartolomeo
Die Hl. Familie mit der Hl. Elisabeth
Tafel, Inv. 1912 Nr. 256
um 1516
dok. im Palazzo Pitti 1663
GPF. M (1687)

II-2
Paolo Veronese
Bildnis eines Mannes
Leinwand, Inv. 1912 Nr. 216
L. M

Dieses beeindruckende Portrait eines venezianischen Patriziers wurde stets mit Daniele Barbaro gleichgesetzt und war einer der begehrtesten Ankäufe des Fürsten und später Kardinals Leopoldo de' Medici, die dieser über die Vermittlung seines Agenten Paolo del Sera tätigte. Aus einem an die Medici adressierten Brief geht nämlich hervor, dass sich das Werk 1659 im Besitz von Paolo del Sera befand. Die Datierung des Gemäldes ist nicht eindeutig festzustellen, liegt jedoch vermutlich zwischen 1550 und 1570, wie aus dem breiten Spektrum von ausgewählten Grau- und Schwarztönen hervorgeht, welche die Kenntnis der Portraitmalerei Tintorettos und Tizians voraussetzten.

II-3
Peter Paul Rubens
Die Folgen des Krieges
Leinwand, Inv. 1912 Nr. 86
1637
GPF. M (1691)

Als eine der berühmtesten allegorischen Darstellungen der Schrecken des dreißigjährigen Krieges wurde das Gemälde 1637 von Justus Sustermans in Auftrag gegeben. Während die schwarz gekleidete Europa den Blick und die Arme vor dem weit geöffneten Janus-Tempel gen

Himmel richtet, versucht Venus den bewaffneten und von der Furie Alecto in die Schlacht getriebenen Mars, aufzuhalten. Das Werk wurde dem Auftraggeber 1638 zugesandt und 1691 konnte der Großfürst Ferdinando es von den Erben des Künstlers für seine eigene Sammlung gewinnen.

II-4, II-5
Andrea del Sarto
Szenen aus der Kindheit Josephs
Joseph deutet die Träume des Pharao
Tafeln, Inv. 1912 Nr. 88-87
Fr I. M (1584)

Gemeinsam mit den beiden Gemälden *Geschichten des Hebräers Joseph* von Granacci in den Uffizien bilden diese beiden von Andrea del Sarto signierten und mit Siegel versehenden Tafeln die letzten Bestandteile der hölzernen Einrichtungsgegenstände, die Baccio d'Agnolo für das Schlafgemach der 1515 vermählten Pierfrancesco Borgherini und Margherita Acciaiuoli schuf. Die anderen dazugehörenden Gemälde des Pontormo und des Bachiacca befinden sich heute in der National Gallery in London und in der Galleria Borghese in Rom. Auf der ersten Tafel der Galleria Palatina erklärt Joseph dem Vater Jakob – im Beisein von dessen Frau Rachel – seine Träume, diese weisen Joseph an, seine Brüder aufzusuchen. Die Brüder sind jedoch eifersüchtig auf Joseph und lassen ihn in einen Brunnen hinab, um ihn später an die Israeliten zu verkaufen und als tot auszugeben. Die zweite Tafel stellt Joseph dar, wie er aus dem Gefängnis geführt wird und dem Pharao die Träume von den sieben fetten und mageren Kühen und den sieben leeren und vollen Ähren deutet. Die beiden Gemälde wurden 1584 vom Großherzog Francesco I. de' Medici erworben.

II-4

II-5

II-7

II-6
Domenico Puligo
Madonna mit Kind und Johannesknaben
Tafel, Inv. 1912 Nr. 242
um 1515
dok. 1624; dok. im Palazzo Pitti 1798

II-7
Tizian
Bildnis des Ippolito de' Medici
Leinwand, Inv. 1912 Nr. 201
CI. M (1553)

1553 erstmalig in der Sammlung des Herzogs Cosimo I. de' Medici dokumentarisch aufgeführt, wurde dieses Portrait 1532 in Venedig anlässlich der Rückkehr des Kardinals angefertigt. Dieser war der Sohn des Giuliano, dem Herzog von Nemours (1511, Florenz - 1535, Itri) und kehrte vom siegreichen päpstlichen Feldzug gegen die Türken in Ungarn zurück. Daher wollte sich Ippolito de' Medici hier "ungarisch gekleidet" mit einer Rüstung unter dem Mantel, einem beschlagenen Stock in der rechten und einem gebogenen Schwert in der linken Hand, portraitieren lassen. An seiner Mütze erkennt man eine Brosche, die sein Liebes-Verhältnis mit Giulia Gonzaga andeutet.

Auf dem Tisch

Giovan Battista Foggini
Die Taufe Christi
Bronze, Inv. Sculture Nr. 1342
1723
AML. M

Wand III

III-1
Cigoli
Die Opferung Isaaks
Leinwand, Inv. 1912 Nr. 95
um 1606-1607
dok. nach 1616; dok. im Palazzo Pitti nach 1798

III-2
Tizian-Werkstatt
Bildnis des Andrea Vesalio (?)
Leinwand, Inv. 1912 Nr. 80
um 1545
dok. im Palazzo Pitti 1702-1710
GPF. M

III-3
Adriaen van der Werff
Bildnis des John Churchill Herzog von Marlborough
Leinwand, Inv. 1912 Nr. 76
signiert und datiert 1705
dok. 1753

III-4
Anton van Dyck
Bildnis des Kardinals Guido Bentivoglio
Leinwand, Inv. 1912 Nr. 82
F II. M (1653)

Das Gemälde wurde dem Großherzog Ferdinando II. 1653 von Annibale Bentivoglio, dem päpstlichen Nuntius in Florenz von 1645 bis 1652, als Geschenk übergeben. Dargestellt ist der Kardinal (1577-1644) in der Funktion als Beschützer Frankreichs im Heiligen Stuhl, wie aus den Zeilen des Briefes, der sich auf dem Tisch befindet, hervorgeht. Das in den Jahren 1622-1623 geschaffene Bildnis Van Dycks zeigt den Dargestellten in extremer Unmittelbarkeit, kurz nach dessen Wahl ins Kardinalsamt 1621, und beruft sich somit auf die berühmten Vorlagen des hochgeschätzten Tizian.

III-5
nach Guido Reni
Die Tränen des Hl. Petrus
Leinwand, Inv. 1912 Nr. 78
F III. AL (1818)

III-6
Tintoretto
Bildnis des Alvise Cornaro
Leinwand, Inv. 1912 Nr. 83
GPF. M (1698)
Die Identifizierung des Dargestellten als Alvise Cornaro (1484, Venedig - 1566, Padua) ist mittlerweile fast gänzlich anerkannt. Cornaro wurde als Intellektueller, Sammler und Förderer der darstellenden Künste insbesondere durch sein *Traktat vom maßvollen Leben* (1558, Padua) bekannt. Tintoretto dürfte diesen, wie das bereits vorangeschrittene Alter anzeigt, gegen 1565 portraitiert haben. Dem Künstler gelingt mit diesem Werk ein weiterer Höhepunkt in seiner Portraitmalerei, was die malerische Feinheit und die psychologische Durchdringung betrifft. 1698 ist das Bildnis in der Sammlung des Großfürsten Ferdinando de' Medici dokumentiert.

III-7
Guido Cagnacci
Maria Magdalena wird von Engeln empor getragen
Leinwand, Inv. 1912 Nr. 75
um 1650-1658
GPF. M (1705)

III-8
Carlo Dolci
Bildnis einer Frau als Hl. Margherita
Leinwand, Inv. 1912
Nr. 227
mit Siegel: A salutis 1664...
principiavo...
dok. 1695

III-9
Antiveduto della Gramatica (?)
Kopie der *Glücklichen Fügung* von Simon Vouet
Leinwand, Inv. 1912 Nr. 6
um 1617
dok. im Palazzo Pitti 1828
L.M (1675)

III-10
Bronzino
Bildnis des Luca Martini
Tafel, Inv. 1912 Nr. 434
um 1554-1556
L.M (1675)

Wand IV

IV-1
Luca Giordano
Die Hl. Jungfrau Maria
Leinwand, Inv. 1912
Nr. 104
1689
signiert
dok. im Palazzo Pitti 1798
C III. M (1687-1689)

III-4

III-6

IV-2
Giovanni Andrea Sirani
Rebekka am Brunnen
Leinwand, Inv. 1912
Nr. 100
um 1640
mit Siegel: GR
dok. im Palazzo Pitti 1761

Apollon-Saal (Sala di Apollo)

Die Freskenausschmückung des Saal-Gewölbes, der ursprünglich ein Vorzimmer für den „gewöhnlichen Adel" war, zeigt den vom Ruhm geleiteten Medici-Fürsten im Beisein Apollons, der diesem Herkules mit dem Himmelskörper und den Tierkreiszeichen zeigt. Es handelt sich somit um eine Ankündigung der herrschaftlichen Zukunft des Fürsten, die damit verbundene Last der Verantwortung des Regierens und die Notwendigkeit einer solchen Aufgabe mit der Erziehung durch die Künste entgegenzutreten. Um das Zentrum des Fresko herum sind Begebenheiten aus den Mythen des Apollon und der Musen und der antiken Großherrscher dargestellt. Von Pietro da Cortona 1647 begonnen, wurde die Ausgestaltung zwischen 1659 und 1661 nach Cortona's Entwürfen von seinem Schüler Ciro Ferri vollendet.

Wand I

I-1
Justus Sustermans
Bildnis des Francesco Maria de' Medici
Leinwand, Inv. 1912 Nr. 344
um 1663
dok. 1663

I-2
nach Andrea del Sarto
Kopie vom *Bildnis des Baccio Bandinelli (?)*
Leinwand, Inv. 1912 Nr. 66
dok. im Palazzo Pitti 1797

I-3
Tizian
Die Hl. Maria Magdalena
Tafel, Inv. 1912 Nr. 67
signiert
V. DR (1631)
Der Künstler, der das Gemälde auf dem dargestellten Salbgefäß signierte, schuf dieses vermutlich gegen 1530 für den Herzog von Urbino Francesco

I-

Maria della Rovere. Das Werk bildete das Modell für eine Reihe von Gemälden dieser Art, indem die Andacht als Vorwand für den Gefallen an sinnlichen Darstellungen genutzt wurde. Das Gemälde gelangte 1631 nach Florenz zusammen mit den anderen Bildern aus der Hinterlassenschaft der Großherzogin Vittoria della Rovere, der Frau des Ferdinando II., welche sich heute zum Teil in der Galleria Palatina und den Uffizien befinden.

I-4
Tizian und Werkstatt
Madonna der Barmherzigkeit
Leinwand, Inv. 1912 Nr. 484
um 1573
V. DR (1631)

I-5
Andrea del Sarto
Die Hl. Familie mit dem Johannesknaben („Sacra Famiglia Bracci“)
Tafel, Inv. 1912 Nr. 62
um 1523
dok. im Palazzo Pitti 1761
F I. M (1579)

I-6
Tizian
Bildnis eines Mannes („Der junge Engländer“)
Leinwand, Inv. 1912 Nr. 92
um 1525
GPF. M (1698)

Die Identität des hier Portraitierten ist unbekannt. Die verschiedenen Vorschläge, um wen es sich bei dem jungen Mann mit den tiefblauen Augen handeln könnte, blieben stets unbelegt; Anzug und Goldkette weisen jedoch auf einen gewissen Wohlstand hin. Das Werk gilt, aufgrund seiner unmittelbaren und naturalistischen Wirkung auf den Betrachter und der geheimnisvollen Ausstrahlung der sich vom erleuchteten Hintergrund absetzenden Figur, als eines der Meisterwerke Tizians. Die Herkunft des Bildes, das seit 1698 in der Sammlung des Großfürsten Ferdinando dokumentiert ist, bleibt unbekannt.

I-6

I-7
Andrea del Sarto
Beweinung Christi („Pietà di Luco“)
Tafel, Inv. 1912 Nr. 58
PL. AL (1782)

Andrea del Sarto schuf dieses Tafelbild zwischen 1523 und 1524 als Zeichen seiner Anerkennung gegenüber den Nonnen aus Camaldoli, der Kirche Sant Pietro in Luco (Mugello), die ihn und seine Familienangehörigen während der Pestepidemie aufnahmen. Das Werk wurde 1782 vom

I-7

Großherzog Peter Leopold von Lothringen erworben und sticht als Meisterwerk unter den Andachtsbildern heraus. Die Heiligen versammeln sich um den bläulichen Leichnam Christi, was im Vordergrund durch die Symbole der Eucharistie, dargestellt durch den Kelch und die Schale für die Hostien, seinen Widerhall findet.

I-8
Garofalo-Werkstatt
Augustus und Sibylle
Tafel, Inv. 1912 Nr. 122
nach 1537
dok. im Palazzo Pitti 1716-1723
L. M (1675)

I-9
Dosso Dossi
Nymphe und Satyr
Leinwand, Inv. 1912 Nr. 147
1508-1512
L. M (1675)

I-10
Ludovico Mazzolino
Christus und die Ehebrecherin
Tafel, Inv. 1912 Nr. 129
um 1526
L. M (1673); GPF. M (1716-1723)

I-11
Caspar de Crayer
Die Hl. Familie mit dem Johannesknaben
Leinwand, Inv. 1890 Nr. 733
um 1650
dok. 1656; dok. im Palazzo Pitti 1928

I-12
Tintoretto
Bildnis des Vincenzo Zeno
Leinwand, Inv. 1912 Nr. 131
um 1565

Wand II

II-1
Simone Cantarini
Der Hl. Andreas
Leinwand, Inv. 1912 Nr. 48
um 1640-1650
GPF. M (1699)

II-2
Dosso Dossi
Der Hl. Johannes der Täufer
Tafel, Inv. 1912 Nr. 380
dok. im Palazzo Pitti 1855

II-3
Tiberio Titi
Bildnis des Leopoldo de' Medici in der Wiege
Leinwand, Inv. 1912 Nr. 49
datiert 1617
dok. 1640

II-4
Girolamo Denti (?)
Die Hl. Familie mit der Hl. Katherina von Alexandrien und der Hl. Maria Magdalena
Leinwand, Inv. 1912 Nr. 52
um 1550
GPF. M

II-5
Cigoli
Kreuzabnahme
Tafel, Inv. 1912 Nr. 51
GPF. M (1690)

Die großartige Altartafel stellt durch die ausgefeilte Bildkomposition in theatralischer und dramatischer Zuspitzung, einen der Höhepunkte des Schaffens Cigolis und der florentinischen Malerei im frühen 17. Jh. allgemein, dar. Das Gemälde wurde für die Bruderschaft genannt „Compagnia della Croce" von Empoli im Zeitraum von insgesamt acht Jahren, von 1600 bis 1608, geschaffen. Vom Großfürsten Ferdinando entdeckt, wurde es 1690 in dessen Sammlung in den Palazzo Pitti gebracht.

II-6
Guercino
Auferweckung der Tabitha
Leinwand, Inv. 1912 Nr. 50
um 1618
GPF. M

II-7
Carlo Dolci
Dionysos
Leinwand, Inv. 1912 Nr. 53
1640-1649
GPF. M. (1698)

II-8
Justus Sustermans
Bildnis der Vittoria della Rovere als Vestalin Tuccia
Leinwand, Inv. 1912
Nr. 116
um 1640
dok. im Palazzo Pitti 1688
L. M (1675)

II-9
Alessandro Vitali
Bildnis des Federico Ubaldo della Rovere in der Wiege
Leinwand, Inv. 1912 Nr. 55
1605

Wand III

III-1
Niccolò Cassana
Bildnis des „deutschen Soldaten"
Leinwand, Inv. 1912 Nr. 218
GPF. M (1691)

III-2
Andrea del Sarto
Maria mit Kind, der Hl. Elisabeth und dem Johannesknaben („Sacra Famiglia Medici")
Tafel, Inv. 1912 Nr. 81
1529
dok. im Palazzo Pitti 1637
O. M (1550, 1568)

III-3
Cristofano Allori
Die Gastfreundschaft des Hl. Julian
Leinwand, Inv. 1912 Nr. 41
um 1612-1618
F II. M (1638)

III-4
Giovanni Battista Langetti
Bildnis eines Mannes (Sebastiano Mazzoni ?)
Leinwand, Inv. 1912 Nr. 300
rückseitig mit Siegel: Langetti
dok. im Palazzo Pitti 1702-1710

III-5
Cristofano Allori
Bildnis eines Mannes
Leinwand, Inv. 1912 Nr. 72
um 1600-1605
L. M (1675)

III-6
Peter Paul Rubens
Bildnis des Kaspar Schoppe
Leinwand, Inv. 1912
Nr. 198
um 1606-1607

III-7
Guido Reni
Kleopatra
Leinwand, Inv. 1912
Nr. 270
L. M (1640)

Dieses dramatische und zugleich sinnliche Sujet des Selbstmordes der Königin Ägyptens war im 17. Jh. dermaßen erfolgreich, dass dem Künstler zahlreiche Repliken des Bildes aufgetragen wurden. Das hier besprochene Gemälde gehört in die reife „helle" Phase des Künstlers, der es zwischen 1639 und 1640 schuf. Auftraggeber war der Bolognese Marchese Ferdinando Cospi, der wiederum im Auftrag des Kardinals Leopoldo de' Medici handelte, in dessen Sammlung das Werk 1640 dokumentiert ist.

III-8
Jacopo Pistoia
Das Emmausmahl
Leinwand, Inv. 1912 Nr. 38
um 1570-1572
mit Siegel: JAP
dok. im Palazzo Pitti 1663
C III. M (1716-1723)

III-9
Jacopo Ligozzi
Judith und Holofernes
Leinwand, Inv. 1912
Nr. 444
signiert e datiert 1602
F I. M

III-10
Peter Paul Rubens
Bildnis der Infantin Isabella Clara Eugenia
Leinwand, Inv. 1890
Nr. 4263
um 1625
V. DR (1654-1655)

III-11
Schule-Anton van Dyck
Bildnis Karl I. und der Henriette Maria von England
Leinwand, Inv. 1912
Nr. 150
dok. im Palazzo Pitti 1687
C III. M ?

Wand IV

IV-1
Carlo Dolci
Der Hl. Johannes der Evangelist
Leinwand, Inv. 1912
Nr. 397
um 1671
C III. M ?

IV-2
Cornelis de Vos
Bildnis einer Frau
Leinwand, Inv. 1912
Nr. 440
um 1624

IV-3
nach Sebastiano del Piombo
Ecce Homo
Tafel, Inv. 1912 Nr. 322
C III. M (1685)

IV-4
Carlo Maratta
Maria erscheint dem Hl. Filippo Neri
Leinwand, Inv. 1912 Nr. 71
GPF. M (1691)

Das großformatige Gemälde wurde 1670 vom florentinischen Senator Pietro Nerli für den Altar seiner eigenen Kapelle in der Kirche San Giovanni dei Fiorentini in Rom in Auftrag gegeben. Das dem Hl. Filippo Neri gewidmete Bild stellt diesen dar, während ihm die Jungfrau Maria

mit Kind und die Heiligen Maria Magdalena, Paulus und Petrus erscheinen. 1691 ging das Gemälde als Schenkung von dem Sohn des Auftraggebers, Pietro, an den Großfürsten Ferdinando de' Medici für dessen Sammlung im Palazzo Pitti über.

IV-5
Carlo Dolci
Der Hl. Kasimir
Leinwand, Inv. 1912
Nr. 392
1670-1671
dok. im Palazzo Pitti 1687
C III. M (1670)

IV-6
Jacob-Ferdinand Voet
Bildnis der Olimpia Aldobrandini
Leinwand, Inv. 1912 Nr. 34
um 1665-1670

IV-7
Justus Sustermans
Bildnis des Ritters Brandolini
Leinwand, Inv. 1912
Nr. 314
um 1640-1650
dok. im Palazzo Pitti
1702-1710

IV-4

Venus-Saal (Sala di Venere)

Als erster der fünf Säle, die der Darstellung der Planeten gewidmet waren, hatte dieser die Funktion eines allgemeinen Vorzimmers inne, in dem das gewöhnliche Publikum wartete, bis Herzog Ferdinando II. de' Medici es empfing. Die Saaldecke wurde zwischen 1641 und 1642 von Pietro da Cortona ausgestaltet; dargestellt ist der Prinz, der von Minerva den Armen der Venus entrissen wird, um ihn an Herkules, als den Beschützer der Medici, zu übergeben. In den Lünetten befinden sich Malereien mit antiken Beispielen des Edelmutes und in den Stuck-Medaillons sind berühmte Mitglieder der Medici-Familie dargestellt.

In der Saal-Mitte

Antonio Canova
Italische Venus
Marmor, Inv. 1912 Nr. 878
Canova wurde anfänglich beauftragt eine Kopie der *Medici-Venus* anzufertigen, da diese 1802 aus der Tribuna der Uffizien entfernt und nach Frankreich geschickt wurde. Der Künstler führte die Skulptur zwischen 1804 und 1811 als freie Interpretation des Typus der „schamhaften Venus" (*Venus Pudica*) aus. 1811 nahm sie den Platz in der Tribuna der Uffzien ein und wurde, anlässlich der Rückkehr der *Medici-Venus* aus Paris, im Runden Kabinett der Königlichen Wohngemächer des Palazzo Pitti aufgenommen. Von dort aus gelang sie, nachdem sie eine Zeit lang im Flora-Saal ausgestellt wurde, in die Mitte diesen Saals.

Wand I

I-1
Justus Sustermans-Anhänger (?)
Bildnis des Giacinto Talducci
Leinwand, Inv. 1890 Nr. 4271
C III. M

I-2
Emilianische Schule, 16. Jh.
Bildnis eines Mannes
Tafel, Inv. 1890 Nr. 3143
dok. 1902; dok. im Palazzo Pitti 1931

I-3
Pietro da Cortona
Die Jungfrau Martina lehnt die Anbetung der Götzenbilder ab
Leinwand, Inv. 1912 Nr. 21
C III. M (1674)

I-5

I-4
Justus Sustermans
Sechs Jäger am Sammelplatz
Leinwand, Inv. 1912 Nr. 137
um 1637
dok. 1637-1638
GC. M

I-5
Salvator Rosa
Küste mit Schiffen und Galeeren
Leinwand, Inv. 1912 Nr. 15
um 1641
GC. M

Dieses großformatige Gemälde wurde gemeinsam mit seinem Pendant *Seehafen bei Sonnenuntergang* (siehe III-1) angefertigt. Der Maler schuf die Bilder im Anschluss an einen Aufenthalt in Livorno im Jahre 1641, wo er am Hafen angelegte Schiffe gezeichnet hatte. Die *Küsten* wurden vom Kardinal Giovan Carlo de' Medici in Auftrag gegeben; nach dessen Tod fand man das Bild 1663 in seinem Jagdhaus in der Via della Scala. Der Einfluss des 1637 für den Kardinal Carlo de' Medici geschaffenen Gemäldes *Hafen mit der Villa Medici* von Lorrain in den Uffizien ist unbestreitbar.

I-6
Tizian
Bildnis einer Edelfrau („La Bella")
Leinwand, Inv. 1912 Nr. 18
VD. R (1631)

Um wen es sich bei der hier Dargestellten handelt, ist unbekannt. Die edle Kleidung und der Schmuck weisen auf eine Dame aus gehobenen Verhältnissen hin; man spekulierte auf ein Mitglied der Familie Della Rovere. Das Bild wurde um 1536 für Francesco Maria I. della Rovere, dem Herzog von Urbino ausgeführt und gelangte 1631 mit der Erbschaft der

I-6

Vittoria della Rovere, der Gemahlin des Großherzogs Ferdinando II. de' Medici, nach Florenz. Durch die kürzlich durchgeführte Restaurierung (2010) konnten die farbliche Vielfalt der Kleidung und das helle, leuchtende Inkarnat auf beeindruckende Weise wiedergewonnen werden.

I-8

I-7
Bonifazio Veronese
Sacra Conversazione („Heiliges Gespräch") mit Konstantin, der Hl. Elena und dem Johannesknaben
Tafel, Inv. 1912 Nr. 84
um 1510
GPF. M (1713)

I-8
Tizian
Bildnis des Pietro Aretino
Leinwand, Inv. 1912 Nr. 54
CI. M (1545)

Aretino selbst ließ das Gemälde 1545 als Schenkung an Cosimo I. de' Medici senden, sobald er es aus den Händen seines Freundes Tizian erlangte, der sich zu jener Zeit im Dienste von Papst Paul III. Farnese in Rom aufhielt. Um seinen Erfolg bei den europäischen Herrschern zu unterstreichen, ist der Schriftsteller in seiner prächtigsten Kleidung und mit einer mächtigen Goldkette dargestellt. Das Werk erhielt jedoch nicht den erhofften Zuspruch bei seiner Ankunft und wurde somit, trotz des Protestes Aretinos, in den Nebenräumen der mediceischen Ankleide-Zimmer untergebracht.

II-

Wand II

II-1
Matteo Rosselli
David als Sieger
Leinwand, Inv. 1912 Nr. 13
um 1620
dok. 1620
C. M (1666)

II-2
Peter Paul Rubens
Heimkehr der Bauern vom Feld
Tafel, Inv. 1912 Nr. 14
1635
FS. AL (1737)

Obwohl dieses Gemälde in Bezug auf seine Maße und der allgemeinen Zugehörigkeit zur Sammlung des Kardinals Richelieu als Pendant zum Bild *Odysseus auf der Insel der Phäaken* (siehe II-7) betrachtet werden könnte, ist dieses schon aufgrund der unterschiedlichen Datierungen auszuschließen. Ersteres ist nämlich 1635 datiert, während das letztere 1627 geschaffen wurde. Beide Werke gelangten 1737 als Teil der Güter des Hofes von Lunéville auf Entscheid des Franz Stephan von Lothringen nach Florenz, kurz nachdem dieser toskanischer Herzog geworden war.

II-3
Rutilio Manetti
Roland am Hofe der Alcina
Leinwand, Inv. 1912 Nr. 12
1624
signiert
C. M (1622-1623)

II-4
Francesco Bassano
Das Martyrium der Hl. Katherina von Alexandrien
Leinwand, Inv. 1912 Nr. 11
um 1590
GPF. M (1698)

II-5
Giovanni Bilivert (?)
Apollon und Marsyas
Leinwand, Inv. 1912 Nr. 22

II-6
Guercino
Apollon und Marsyas
Leinwand, Inv. 1912 Nr. 8
um 1618
dok. 1618; dok. im Palazzo Pitti 1638

II-7
Peter Paul Rubens
Odysseus auf der Insel der Phäaken
Tafel, Inv. 1912 Nr. 9
1627
FS. AL (1737)
(siehe II-2)

Wand III

III-1
Salvator Rosa
Seehafen bei Sonnenuntergang
Leinwand, Inv. 1912 Nr. 4
GC. M
(vedi I-5)

III-2
Tizian
Kopie vom *Bildnis des Papstes Julius II.* von Raffael
Tafel, Inv. 1912 Nr. 79
1545
dok. im Palazzo Pitti 1723
V. DR (1631)

III-3
Tizian
Das Konzert
Leinwand, Inv. 1912
Nr. 185
L. M (1654)

Tizian schuf das Gemälde um 1510. Es gehört zu den berühmtesten Werken im frühen Schaffen des Künstlers, der hier noch sehr mit den stilistischen Vorgaben seines Lehrers Giorgione verhaftet blieb. Durch die Vermittlung des Paolo del Sera kaufte Kardinal Leopoldo de' Medici das Gemälde 1654 zu einem beträchtlichen Preis als Werk Giorgiones an. Das Bild vermittelt den Eindruck einer äußerst realistischen Momentaufnahme, wobei insbesondere die natürliche Reaktion des Musikers in der Mitte der Darstellung beeindruckt. Dieser wird von seinem Gefährten unterbrochen, der ihm seine Hand auf die Schulter legt.

III-4
Sebastiano del Piombo
Bildnis des Baccio Valori
Schiefer, Inv. 1912 Nr. 409
um 1531
dok. 1553
C I. M

III-5
Tintoretto
Venus, Amor und Vulkan
Leinwand, Inv. 1912 Nr. 3
um 1550-1555
C. M (1666)

III-6
Flämische Schule, 17. Jh.
Bildnis des Pietro Francavilla
Leinwand, Inv. 1890
Nr. 774
um 1610
L. M

III-7
Salvator Rosa
Allegorie der Lüge
Leinwand, Inv. 1912 Nr. 2
um 1650-1660
GPF. M (1698)

III-8
Bartolomeo Passerotti
Bildnis eines Mannes
Leinwand, Inv. 1912
Nr. 138
um 1570

III

Wand IV

IV-1
Justus Sustermans
Bildnis eines Künstlers
Leinwand, Inv. 1890
Nr. 781
dok. 1797

IV-2
Justus Sustermans (?)
Bildnis der Vittoria della Rovere als Hl. Ursula
Leinwand, Inv. 1890
Nr. 5169
um 1637
V. DR (1691)

IV-3
Justus Sustermans
Bildnis eines Kindes
Leinwand, Inv. 1890
Nr. 2404
um 1631
V. DR (1691)

IV-4
Justus Sustermans
Bildnis des Alessandro Farnese
Leinwand, Inv. 1890
Nr. 2203
1639-1640
V. DR (1692)

IV-5
Tizian (?)
Ecce Homo
Leinwand, Inv. 1912 Nr. 31
dok. 1623-1624; dok. im Palazzo Pitti 1652
V. DR (1631)

IV-6
Guercino
Der Hl. Joseph
Leinwand, Inv. 1912 Nr. 29
um 1660
dok. im Palazzo Pitti 1761

IV-7
Tizian-Werkstatt
Anbetung des Jesuskindes
Leinwand, Inv. 1912
Nr. 483
V. DR (1631) ?

IV-8
Cigoli
Die Berufung von Petrus und Andreas
Leinwand, Inv. 1912 Nr. 27
signiert und datiert 1607
dok. im Palazzo Pitti 1628
C. L

IV-9
Giovanni Bilivert
Der Hl. Isidor von Madrid
Leinwand, Inv. 1912 Nr. 25
um 1612-1615
L. M (1675)

IV-10
Guido Reni
Der Hl. Joseph
Leinwand, Inv. 1912 Nr. 24
um 1639-1640
L. M (1675)

IV-11
Sieneser Schule, 17. Jh.
(nach Francesco Vanni)
Die mystische Vermählung der Hl. Katherina aus Siena
Leinwand, Inv. 1912 Nr. 32
nach 1610
dok. 1772

IV-12
Francesco Curradi
Narziß an der Quelle
Leinwand, Inv. 1912 Nr. 10
signiert und datiert 1622
C. M.

IV-13
Rutilio Manetti
Der Tod der Maria Magdalena
Leinwand, Inv. 1912 Nr. 23
um 1618-1620

Grüner Saal (Sala Verde) und Schlafzimmer des Königs (Camera del Re)

Familie Medici

A. M - Antonio (1576-1621) Sohn von Bianca Cappello, Großherzogin seit 1578

AML. M - Kurfürstin Anna Maria Luisa (1667-1743), Tochter von Cosimo III. und die letzte der Familie Medici

C. L - Christine von Lothringen (1563-1637), Gemahlin von Ferdinando I. und Großherzogin seit 1589

C. M - Kardinal Carlo (1595-1666), Bruder von Cosimo II. und Kardinal seit 1615

C I. M - Herzog und Großherzog Cosimo I. (1519-1574), Herzog seit 1537 und Großherzog seit 1569

C II. M - Großherzog Cosimo II. (1590-1621), Großherzog seit 1609

C III. M - Großherzog Cosimo III. (1642-1723), Großherzog seit 1670

CL. M - Claudia (1604-1648), Gemahlin von Federico Ubaldo della Rovere und Mutter von Vittoria della Rovere

DL. M - Don Lorenzo (1599-1648), Bruder von Cosimo II.

F I. M - Kardinal und Großherzog Ferdinando I. (1549-1609), Kardinal seit 1562 und Großherzog seit 1587

Fr I. M - Großherzog Francesco I. (1541-1587), Großherzog seit 1574

F II. M - Großherzog Ferdinando II. (1610-1670), Großherzog seit 1621

FM. M - Kardinal Francesco Maria (1660-1710), Bruder von Cosimo III. und Kardinal seit 1686

GC. M - Kardinal Giovan Carlo (1611-1663), Bruder von Ferdinando II. und Kardinal seit 1644

GG. M - Giovan Gastone (1671-1737), Großherzog seit 1623

GPF. M - Großfürst Ferdinando (1663-1713), Sohn von Cosimo III.

L. M - Fürst und Kardinal Leopoldo (1617-1675), Bruder von Ferdinando II. und Kardinal seit 1667

MM. A - Maria Magdalena von Österreich (1589-1631), Gemahlin von Cosimo II. und Großherzogin seit 1608

M. M - Mattias (1613-1667), Bruder von Ferdinando II.

O. M - Ottaviano (1484-1546), einem anderen Familienzweig angehörend

VB. B - Violante Beatrix von Bayern (1673-1731), Gemahlin vom Großfürsten Ferdinando seit 1689

V. DR - Vittoria della Rovere (1622-1694), Gemahlin von Ferdinando II. und Großherzogin seit 1634

Familie Habsburg-Lothringen

F III. AL - Ferdinando III. (1769-1824), Großherzog seit 1790

FS. AL - Francesco Stefano (1708-1765), Großherzog seit 1737

L II. AL - Leopoldo II. (1797-1870), Großherzog von 1824 bis 1859

PL. AL - Pietro Leopoldo (1747-1792), Großherzog von 1765 bis 1790

1588 - F I. M (1588): *Inventario di Villa Medici*, 1588 (A.S.F. Guardaroba Medicea 79)

1621 - A. M (1621): *Inventario di oggetti appartenenti all'eredità di don Antonio de' Medici*, 1621

1631 - V. DR (1631): *Conti della Serenissima Granduchessa Vittoria*, 1631-1638 (A.S.F. Guardaroba Medicea 955)

1649 - DL. M (1649): (A.S.F. Guardaroba Medicea) inventario del Serenissimo Principe Don Lorenzo [de' Medici]

1666 - C. M (1666): *Inventario originale dell'eredità del Cardinale Decano*, 1666 (A.S.F. Guardaroba Medicea 399)

1675 - L. M (1675): *Inventario dei mobili e masserizie dell'eredità del Serenissimo e Reverendo Signor Cardinal Leopoldo de' Medici*, 1675-1676 (A.S.F. Guardaroba Medicea 826)

1713 - GPF. M (1713): *Inventario dei Mobili e Masserizie della proprietà del Ser. mo Principe Ferdinando di Gloriosa ricordanza, ritrovate doppo la di lui morte nel suo appartamento nel Palazzo de' Pitti*, 1713 (A.S.F. Guardaroba Medicea 1222)
1860 - Poggio Imperiale: *Inventario degli Oggetti di Belle Arti esistenti nella Reale Villa del Poggio Imperiale*, 1860

1890 - *Inventario Gallerie Fiorentine*, 1890

1911 - OdA: *Inventario Oggetti d'Arte di dotazione della Corona nel Real Palazzo Pitti*, 1911

1911- Petraia: *Inventario Oggetti d'Arte della Real Villa della Petraia*, 1911

1911 - Poggio a Caiano: *Inventario Oggetti d'Arte della Real Villa di Poggio a Caiano*, 1911

1912 - *Inventario Galleria Palatina*, 1912

1914 - Sculture: *Inventario Sculture*, 1914

GDSU: *Inventario Gabinetto Disegni e Stampe degli Uffizi*